HEJ.

HEJ.

SKANDI-CHIC

Kleidung nähen

HEJ.

SKANDI-CHIC

Kleidung nähen

In den **Größen 34–44**
Mit 6 Schnittmusterbogen

EIN BUCH DER
EDITION MICHAEL FISCHER

Anja Roloff

INHALT

GRUNDLAGEN

PROJEKTE

VORWORT

Als ich vor 10 Jahren überlegt habe, ob ich mir eine neue Nähmaschine kaufen oder doch lieber ein anderes Hobby suchen soll, hätte ich wohl gelacht, wenn mir ein Blick in die Kristallkugel dieses Buch gezeigt hätte. Zum Glück bin ich beim Nähen geblieben!

Vom ersten kläglichen Versuch, Volumen mittels eines Abnähers in eine Kosmetiktasche zu nähen, bis hierher ist viel passiert.

Ich nähe nicht perfekt. Sicher schlägt eine Schneiderin an der einen oder anderen Stelle die Hände über dem Kopf zusammen, wenn sie meine Vorgehensweise beim Nähen sieht. Aber macht das etwas? Nein!

Ich finde, es darf ruhig jeder seinen liebsten Nähweg beschreiten – solange am Ende etwas Tragbares dabei rauskommt. Ich nähe seit Jahren meine Kleidung selbst und mache es gerne. Die Stoffe, die ich verwende, haben sich mit den Jahren geändert, die Qualität ist besser geworden, die Kleidungsstücke langlebiger. Ich sehe einem Schnitt vor dem Nähen an, ob er mir steht, ob er etwas für mich tut oder nicht. So muss ich nicht mehr jeden Trend mitnähen und kann mir einfach die Sahnestücke rauspicken, die gut für mich sind.

Nun hältst du es in den Händen, ein Buch voll mit Schnitten, wie ich sie mag. Locker, luftig und dabei an der einen oder anderen Stelle auch ein bisschen verspielt. Schnitte, die nicht so extrem auf Figur geschnitten sind, dass man zwangsläufig Änderungen vornehmen muss. Ich mag es unkompliziert und einfach.

Wenn du Anfängerin bist, möchte ich dir gleich Mut machen: Du schaffst es, dir deine Kleidung selbst zu nähen. Vielleicht ist das erste noch ein Teil für die Tonne, aber dann wird es besser – und du kannst das TfdT dann später upcyceln!

Und du wirst stolz darauf sein, dass jemand sagt, dass es aussieht wie gekauft. Auch wenn wir natürlich alle wissen, dass es besser ist als gekauft.

Ran an die Maschine und viel Spaß beim Nähen!

GRUNDLAGEN

STOFFKUNDE

Einmal Baumwolle bitte!

Als Nähanfänger kauft man Baumwolle, um eine Tasche zu nähen, und dehnbare Stoffe, um sich ans erste Oberteil zu wagen. Spätestens nach ein paar gescheiterten Onlineshopping-Ausflügen wird aber klar: So einfach ist das gar nicht mit den Stoffqualitäten.

Baumwolle ist keine Stoffart, sondern ein Rohstoff, der zu Vielerlei verarbeitet werden kann.

Ganz grob kann man Stoffe in Maschen- und Webware unterteilen. In beiden Sparten finden wir unter anderem die Baumwollfaser wieder, sie wird lediglich unterschiedlich verarbeitet.

Maschenwaren, das sind alle gestrickten und gewirkten Stoffe, wie zum Beispiel die verschiedenen Jerseyarten, Sweat oder Bündchenware.

Webware wird im Gegensatz dazu, man ahnt es schon, gewebt.

Da Webware einen Großteil des Buchs einnimmt, werde ich hier etwas ins Detail gehen und verschiedene Qualitäten vorstellen.

STOFF, STOFF, STOFF

Um etwas zu weben, benötigt man Fasern. Diese können natürlichen oder chemischen Ursprungs sein.

Naturfasern sind zum Beispiel Baumwolle, Seide, Leinen oder Wolle.

Chemiefasern sind Polyester, Elastan, Tencel, Lyocell, Modal, Viskose, wobei zum Beispiel Tencel und Modal natürlichen Ursprungs sind, aber chemisch aufbereitet werden.

Jede Faser hat ihre Vor- und Nachteile und nicht jeder daraus produzierte Stoff eignet sich für jedes Nähprojekt. Gefallen, Nachhaltigkeit und nicht zuletzt der Preis fließen mit ein.

BAUMWOLLWEBWARE

ist ein Sammelbegriff für alle einfachen Webwaren aus (meistens 100 %) Baumwolle. Klassische Patchworkstoffe und alle einfachen Webstoffe aus Baumwolle findet man in den meisten Onlineshops unter Baumwollwebware. Manchmal auch unter Baumwolle, aber das ist dann nur die halbe Wahrheit.

MUSSELIN

ist ein lockeres Baumwollgewebe in Leinwandbindung. Man tut Musselin Unrecht, wenn man bei dieser Stoffart nur an Mulltücher und Babyaccessoires denkt. Beim Waschen läuft Musselin bis zu 30 % ein, erhält dabei aber seine typische Krinkel-Optik.

DOUBLE GAUZE

wird oft mit Musselin gleichgesetzt, ist aber immer zweilagig. Wobei dreilagig auch geht, dann spricht man aber von Triple Gauze. Die beiden Stofflagen sind punktuell miteinander verknüpft, weshalb sich zwischen den Stoffen Luftkammern bilden und eine hübsche wellige Oberfläche ergeben.

LEINEN UND HALBLEINEN

Leinen ist eine Pflanzenfaser, die aus den Stängeln der Flachsblume gewonnen wird. Die langen glatten Fasern werden wie Wolle versponnen und dann verwebt. Beim Weben kreuzt klassischerweise ein Kettfaden über einen Schussfaden, auch Leinwandbindung genannt.

Leinen hat eine unregelmäßige Struktur und kleine Knötchen im Gewebe. Es ist atmungsaktiv, angenehm kühlend und trotzdem blickdicht. Leinen ist nicht dehnbar. Formstabil, wie es ist, lässt es sich sehr leicht verarbeiten, knittert allerdings im Gegenzug beim Tragen aufgrund der fehlenden Elastizität. Man kann eben nicht alles haben!

WAFFELPIQUÉ

ist ein (Baumwoll-)Gewebe mit dreidimensionaler Struktur. Durch seine Dicke wird Waffelpiqué gerne anstelle von Frottee bei allen Arten von Heimtextilien verwendet. Er eignet sich aber auch für Kleidung.

AJOUR / BRODERIE ANGLAISE

bezeichnet eine kunstvolle Art der Lochstickerei auf Webware. Sehr hübsch für Oberteile oder Röcke.

VOILE

ist ein durchscheinendes und leichtes Gewebe, das meist aus Baumwolle hergestellt wird. Stark verzwirnte, in sich gekräuselte Fäden sorgen dafür, dass der Stoff zwar dicht gewebt, aber dennoch durchlässig ist. Voile fühlt sich etwas rau an und lässt sich durch diese Griffigkeit gut verarbeiten.

BATIST

kann aus den verschiedensten Grundmaterialien hergestellt werden, meistens wird aber Baumwolle oder auch Leinen verwendet. Die Fäden sind dabei sehr glatt und werden in Leinwandbindung verarbeitet. Batist ist ein sehr leichtes Gewebe und wegen seiner „aufbauschenden Art" nicht so gut für Oversized-Schnitte geeignet.

SEERSUCKER

ist ein Webstoff mit kreppartiger, plastischer Oberfläche. Sie entsteht durch unterschiedliche Spannung in den Kettfäden. Seersucker ist ein leichter Stoff, der sich bestens für Sommerkleider und Blusen eignet. Ich erinnere mich an Seersucker-Bettwäsche, die in meiner Kindheit in den 80ern dann aufgezogen wurde, wenn das Thermometer über 30 Grad krabbelte.

POPELINE

ist in den meisten Fällen Baumwollwebware in klassischer Leinwandbindung mit dichter feiner Kette gewebt. Die Schussfäden, das sind die querverlaufenden Fäden (im Schulwebrahmen mit dem Schiffchen verwebt), sind etwas dicker. So ergibt sich ein robusteres Gewebe als bei einfacher Baumwollwebware. Genähtes aus Popeline hat also etwas mehr Stand.

TIPP:

Achte auf die Stoffwahl – ein und dasselbe Kleid wird aus bauschigem Musselin kürzer wirken als aus fließender Viskosewebware. Je schwerer der Stoff ist, desto mehr zieht zum Beispiel eine breite Rüsche nach unten. Gerade für die richtige Länge eines Kleids ist dies wichtig!

DENIM/JEANS

ist ein Baumwoll-/Hanffaserstoff, der in Köperbindung gewebt wird. Die Kettfäden werden dabei mit Indigo gefärbt, die Schußfäden bleiben in ihrem Naturton. Die Kettfäden werden nur oberflächlich und nicht ganz durchgefärbt, weshalb man Denim gut aufhellen und den typischen Used-Look erzielen kann.

CHAMBRAY

ist ein Baumwollstoff mit unterschiedlich farbigen Schuss- und Kettfäden, wodurch er Denim sehr ähnlich sieht. Er fühlt sich aber meistens deutlich weicher an und ist leichter.

CORD

wird aus Baumwolle, manchmal mit Ergänzung durch Polyester oder Elastan (Stretchcord), hergestellt. Der Schussfaden bildet beim Weben den Flor und damit die Streifenrichtung. Cord hat also eine Strichrichtung, die beim Zuschnitt unbedingt beachtet werden muss.

SATIN

bezeichnet ein Gewebe in Atlasbindung, durch die sich eine glatte, stark glänzende Oberseite und eine matte Unterseite ergibt. Satin kann aus verschiedenen Materialien hergestellt werden, endlose Fasern wie Seide, Viskose oder Polyester sind die gängigsten.

CHIFFON

wurde ursprünglich aus Seide hergestellt, heute aber auch günstiger aus Kunstfaser. Die Produktion ähnelt der von Voile, die Fäden sind aber noch dünner und der Stoff somit noch durchscheinender.

HINWEIS:

Jeder Stoff braucht eine entsprechende Nadel. Nicht nur die Nadelstärke ist entscheidend, sondern auch ihre Art. Mit bloßem Auge ist es schwer zu erkennen, aber die Nadelspitzen der unterschiedlichen Sorten von Universal über Jeans bis Microtex und Leder sind unterschiedlich, um perfekt in den jeweiligen Stoff zu gleiten, ohne ihn mehr als nötig zu beschädigen.

Und dann ist da noch die Sache mit dem Vorwaschen …

Wasche all deine Stoffe so vor, wie du sie auch später waschen willst. Kurz per Handwäsche vor dem Vernähen nass machen und später trotzdem mit 40 Grad und voller Umdrehungszahl durch Waschmaschine und Trockner jagen ergibt keinen Sinn.

Sicherlich gibt es Stoffe, die das wegstecken, es wäre aber furchtbar traurig, wenn der Stoff, der gerade dein Lieblingskleid wurde, es nicht kann. Also investiere die Zeit unbedingt in die Vorwäsche.

Weil Bilder mehr als Wort sagen, liefere ich gerne die Beweise für alle, die bisher Vorwasch-Verweigerer waren.

Beide Stoffe auf diesem Bild sind als Musselin im Verkauf. Musselin hat die Eigenschaft, um bis zu 30 % zusammenzuschrumpfen. Eine Eigenschaft, die durchaus erwünscht ist und ihn ausmacht. Musselin verträgt auch eine Runde im Trockner und wird dadurch noch bauschiger.

Ich habe nicht nachgemessen, um wieviel beide Stoffe eingegangen sind, aber man sieht deutlich, dass die nicht mitgewaschenen Vierecke sich vom Rest des Stoffes unterscheiden und beide Stoffe völlig anders auf die Wäsche reagiert haben.

DER UNSICHTBARE STOFF

BÜGELEINLAGE

Das Darunter ist durchaus wichtig. Auch wenn ich zugebe, dass ich bei meinen Kleidungsstücken öfter Einlage weglasse, als sie hinzuzufügen, mache ich hiermit offiziell darauf aufmerksam: Die richtige Einlage ist wichtig!

Unter dem Handelsnamen Vlieseline findet man die bekannte Bügeleinlage für Krägen, Ausschnitte und Co. in jedem Nähgeschäft. Sie ist in Schwarz oder Weiß erhältlich, wird trocken aufgebügelt und verleiht dem Schnittteil mehr Stabilität.

NAHTBAND

Vor allem schräg im Fadenlauf verlaufende Kanten können leicht ausleiern. Um dies zu verhindern, kann man Nahtband aufbügeln. Wer sich die Anschaffung sparen möchte, kann statt des Nahtbands auch dünne Streifen Vlieseline auf die linke Seite der Nahtzugabe bügeln.

NÄHGADGETS

VIEL HILFT VIEL?

Selbst wer kein erklärter Material-Horter ist, kommt um das eine oder andere Näh-Helferchen nicht herum. Ich stelle hier meine liebsten vor und kläre über #teamrollschneider und #teamschere auf.

(1) ROLLSCHNEIDER MIT ERSATZKLINGEN

Die Rollschneiderklinge darf öfter getauscht werden, als man denkt: Ich merke oft erst nach dem Tausch, dass die Klinge schon stumpf war.

(2) SCHNEIDEMATTE

Ich bin ganz klar #teamrollschneider. Auf der Geraden hat er die Nase vorn in Sachen Zuschneidegeschwindigkeit. Unvermeidbar zieht mit dem Rollschneider natürlich immer auch eine Schneidematte ins Nähzimmer ein.

(3) NADELN EXTRA FEINE, BÜGELFESTE, EXTRA LANGE

Die einfache Stecknadel kennt jeder. Aber wie sieht es mit den extradünnen für besonders feine Stoffe aus? Oder denen mit dem Silberköpfchen, über die man gefahrlos bügeln kann?

(4) STOFFKLAMMERN

Sind die großen Brüder der Stecknadeln: Wo die Nadeln nicht mehr durchkommen oder unschöne Löcher hinterlassen (zum Beispiel in beschichteten Stoffen), werden sie genutzt.

17
9
Aqua-Trickmarker weiß/white/blanc
12
10
7
13
3
8
14
4
16
11
15
6

NÄHGEWICHTE

Natürlich habe ich auch selbstgemachte Nähgewichte aus Unterlegscheiben – wie jeder in der Nähszene. Aber oft nutze ich das, was gerade zur Hand ist. Die Top 3 sind Handy, Klebebandabroller und Stoffschere. Letztere natürlich nur, wenn ich den Rollschneider nutze, sonst wird es kompliziert.

(5) ETIKETTEN

Webetiketten und Labels bringen das gewisse Etwas an das Nähstück. Oder verdecken auch mal einen kleinen Fehler. Das mit dem Fehler habe ich selbstverständlich noch nie getestet.

SCHNEIDELINEAL

Nicht nur für Quilterinnen, sondern für alle Rollschneidernutzerinnen praktisch: Schrägband und Bündchen wird mit seiner Hilfe am besten zugeschnitten.

(6) KLEINES LINEAL/BÜGELLINEAL

Noch besser als ein normales Lineal ist ein bügelfestes Saumlineal. Mit seiner Hilfe bügelt man kinderleicht einen perfekt gleichmäßigen Saum.

(7) ROLLMAẞ/MAẞBAND

Wer Kleidung näht, sollte die Maße des Trägers kennen. Am einfachsten nimmt man sie mit einem Rollmaß ab.

(8) HEBAMME/HÖHENAUSGLEICH

Der Höhenausgleich ist hilfreich, wenn man mehrere Schichten Stoff näht. Theoretisch kann man auch ein Stoffstück falten, um damit das Nähfüßchen an jeder Stelle der Naht parallel zur Stichplatte zu halten. Es gibt aber auch scheibenweise erweiterbare Höhenausgleiche aus Kunststoff, oder welche in praktischer, zum Nähmaschinenfüßchen passender Form.

(9) TRICKMARKER / (10) SCHNEIDERKREIDE

Für Passzeichen und andere Markierungen auf dem Stoff verwende ich am liebsten einen auswaschbaren Trickmarker. Auf dunklen Materialien, oder wenn ich Sorge habe, dass die Farbe sich doch nicht auswaschen lässt, greife ich zu Schneiderkreide.

(11) KANTENFORMER/BÜGELHOLZ

Um Ecken auszuformen, habe ich jahrelang einen ungespitzten Bleistift verwendet – und ja, ich schäme mich dafür. Dann habe ich zum Glück diese hölzerne Schönheit geschenkt bekommen. Fühlt sich gleich viel besser an!

(12) NAHTTRENNER

Brauche ich natürlich höchstens mal, um ein Knopfloch aufzuschlitzen. Kennt man ja. Wer ihn noch nie verwendet hat, werfe die erste schiefe Naht!

(13) FADENSCHERE

Die Fadenschere sieht hübsch aus. Ach, und Fäden abschneiden kann man auch mit ihr.

(14) ZACKENSCHERE

Wird genutzt, um Nahtzugaben knappkantig zurückzuschneiden oder stark fransende Stoffe zu schneiden. Ich gestehe: Bisher habe ich sie öfter für Bastelarbeiten genutzt als beim Nähen.

(15) STOFFSCHERE

Wer sie für Papier benutzt, wird umgehend verbannt! Sie bleibt lange scharf und bekommt keine Dellen, wenn damit wirklich nur Stoff geschnitten wird. Und nein, ich meine damit nicht das Papierschnittmuster, das vor dem Stoff noch schnell ausgeschnitten werden muss. Und denk gar nicht erst daran, mit der Stoffschere eine schräg eingeschlagene Öse wieder aus dem Stoff zu bekommen. Tu es nicht!

(16) SICHERHEITSNADEL

Habe ich zwar nicht im Nähkästchen, dafür aber immer in der Handtasche. Man weiß ja nie, ob man nicht einen Mac-Gyver-Einsatz hat! Wenn kein Einsatz ansteht: Zum Einziehen von Gummiband in Säume kann man sie auch verwenden.

(17) BÜGELEISEN

Ich bügle nicht gern, aber hin und wieder muss es eben sein. Mein kleines Reisebügeleisen steht ehrlicherweise nicht neben meiner Nähmaschine, sondern wird auf Reisen genutzt. Und mein großes Bügeleisen ist nicht besonders fotogen ...

GARN

Lange Zeit habe ich von meiner Oma geerbte Garne genutzt, weil sie reichlich vorhanden und zu schade zum Entsorgen waren. Alte Garne gehören aber nicht in die Nähmaschine. Sie können beim Nähen reißen – oder noch schlimmer, nach der ersten Wäsche oder beim Tragen.

Investiere in hochwertiges Garn! Der nächste Geburtstag kommt bestimmt, da ist vielleicht sogar ein ganzer Garnkoffer drin? Ich liebe es, immer die passende Farbe zur Hand zu haben.

Das geerbte Garn oder das vom Discounter werfen wir natürlich nicht weg, sondern verschieben es von der Näh- in die Bastelschublade. Ich habe schon etliche meiner alten Garne zu Tasseln und Quasten verarbeitet oder für Geschenkverpackungen genutzt.

NÄHMASCHINENFÜßCHEN

Eins für alle oder 11 Freunde sollt ihr sein?

Selbstverständlich kannst du alle Projekte in diesem Buch mit einer ganz einfachen Haushaltsnähmaschine und ihrem Standard-Nähfüßchen nähen. Du musst nichts umbauen, lediglich zwischen Zickzackstich zum Versäubern und Geradstich für die restlichen Nähte wechseln. Auch ein Knopfloch kann theoretisch ohne speziellen Knopflochfuß genäht werden.

Aber wie so oft kann man sich das Leben, oder vielmehr das Nähen, durch die Verwendung der richtigen Hilfsmittel deutlich einfacher machen.

Es ist vielleicht schick, viele Nähmaschinenfüße zu haben. Welche davon man oft nutzt und welche Staub ansetzen, findet jeder für sich schnell selbst raus. Ich bin keine Sammlerin, aber es gibt einige Füßchen, ohne die ich nicht mehr nähen möchte. Ja, es ist sogar schon vorgekommen, dass ich bei einem Nähtreffen ein Stück nicht fertig nähen wollte, weil ich das „benötigte" Füßchen vergessen hatte. Ich stelle dir an dieser Stelle die Füßchen vor, die ich für dieses Buch verwendet habe oder die ich sonst oft nutze.

4 5 6

(1) KNOPFLOCHFÜßCHEN

Der Name ist Programm: Leichter als mit ihm näht man kein Knopfloch.

(2) REIßVERSCHLUSSFÜßCHEN

Ist bei vielen DAS Füßchen Nr 1., bei mir jedoch eher hinten in der Must-have-Liste angesiedelt. Ich nähe selten Reißverschlüsse ein beziehungsweise nutze oft einfach das normale Nähmaschinenfüßchen und verstelle die Nadelposition. Wichtig ist mir, dass der Reißverschluss schön knappkantig abgesteppt ist. Siehe Schmalkantfüßchen.

(3) STANDARDFÜßCHEN

(4) SCHMALKANTFÜßCHEN

Hätte mir am Anfang meiner Nähkarriere jemand gesagt, wie einfach gleichmäßiges Absteppen mit diesem Füßchen ist, es hätte mir einige unschöne Steppnähte erspart! Aber vielleicht ist es wie mit dem Taschenrechner und dem Kopfrechnen: Bevor man nicht den grundsätzlichen Umgang beherrscht, sollte man auf Hilfsmittel verzichten.

(5) KNOPFANNÄHFÜßCHEN

Ja, jetzt ist es raus: Ich nähe nicht gerne Knöpfe an. Wobei, eigentlich ist es die Wiederholung, die mich stört. Ich habe einfach keine Lust, 5, 8 oder gar 12 Knöpfe an ein Kleidungsstück zu nähen. Der Knopfannähfuß ist ein toller Helfer, denn er näht nicht nur sehr schnell die Knöpfe an, sondern sie haben auch den perfekten Abstand zum Stoff und lassen sich so leicht schließen.

(6) SCHMALSÄUMER

Er zaubert feine Rollnähte an die Säume luftiger Sommerkleider. Ich verwende ihn auch gerne für Musselintücher, wenn ich keine Lust auf einen auffälligen Overlock-Saum habe.

SCHRÄGBANDVORRICHTUNG

Für 50 cm Schrägband würde ich sie noch nicht an meine Maschine bauen, aber wenn man mal so richtig in die Vollen geht, eine Wimpelkette mit mehreren Metern näht oder viele kleinere Teile mit Schrägband säumt, ist sie ein toller Helfer. Das Band wird schön gleichmäßig gefasst, gerade Strecken nähen sich in Rekordgeschwindigkeit und sehen dabei perfekt aus.

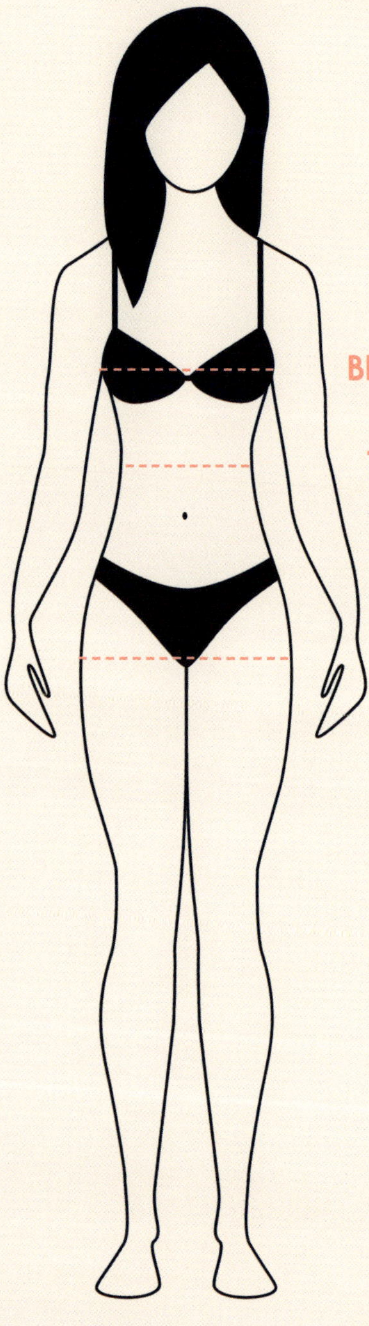

HINWEIS:

Die Schnitte sind für eine Körpergröße von 168 cm erstellt worden.

KÖRPERMAßE	34	36	38	40	42	44
BRUSTUMFANG	82	85	88	92	96	100
TAILLENUMFANG	66	69	72	76	80	84
GESÄßUMFANG	91	94	97	101	105	109
INNENBEINLÄNGE	78	78	78	78	78	78

NÄH-BASICS

VERMESSEN

Vor dem Nähen von Kleidung steht das Ermitteln der eigenen Maße. Mindestens Brustweite, Taille und Hüftmaß sollten bekannt sein, um passende Kleidung zu nähen. Oberbrustweite, Abstand von Hüfte zu Taille und Ähnliches sind großartig für Anpassungen, können aber bei einfachen Modellen erst mal vernachlässigt werden.

Das Orientieren an der Kaufgröße ist wirklich nur ein grobes Orientieren – die meisten von uns haben gekaufte Teile in mehreren Größen im Schrank, die allesamt passen.

Die Kleidung in diesem Buch sitzt locker und engt nicht ein, das heißt aber nicht, dass die Größe unwichtig ist. Wenn aus einem normalen Oberteil eines mit überschnittenen Schultern wird, weil es zwei Nummern zu groß genäht wurde, tut das nichts für die Trägerin.

Also, ausmessen! Am besten du nimmst dir dafür eine Nähfreundin und ihr vermesst euch gegenseitig mit dem Maßband.

HÜFTPASSENTASCHEN

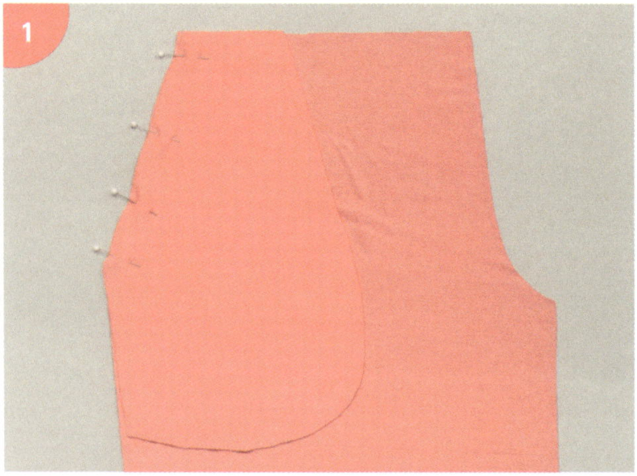

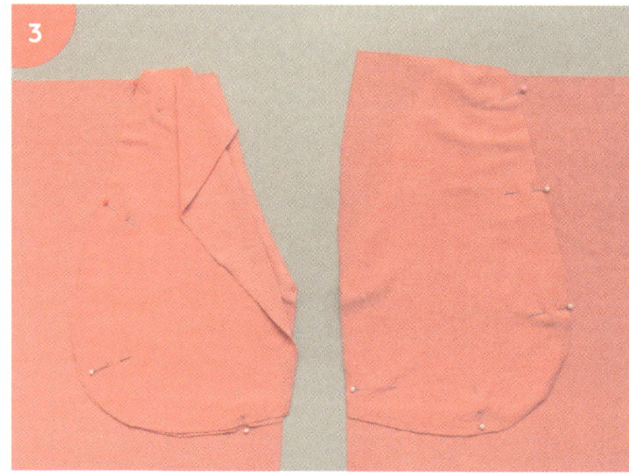

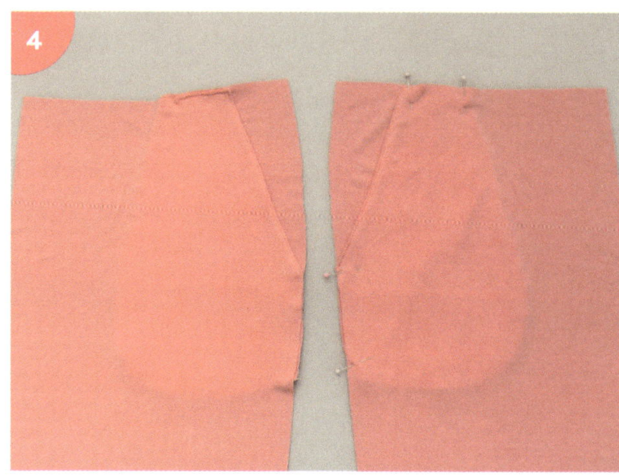

1. Lege die Vorderhose und den passenden vorderen Taschenbeutel rechts auf rechts. Nähe die beiden Teile am späteren Eingriff zusammen.
2. Wende die (halbe) Hosentasche und steppe die Kante knappkantig ab.
3. Lege das Hosenbein mit der linken Seite nach oben vor dich hin und positioniere den hinteren Taschenbeutel passend darauf. Die beiden Taschenbeutel liegen dabei rechts auf rechts. Steppe entlang der Rundung, nähe jedoch nur die Beutel aneinander, nicht das Hosenbein.
4. Steppe die Hosentasche innerhalb der Nahtzugabe oben und seitlich fest, damit du sie später komplett in Bund und Seitennaht einfassen kannst.

SEITENNAHTTASCHEN

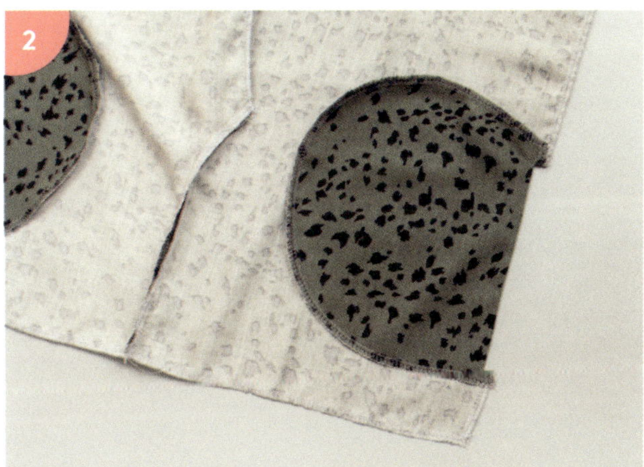

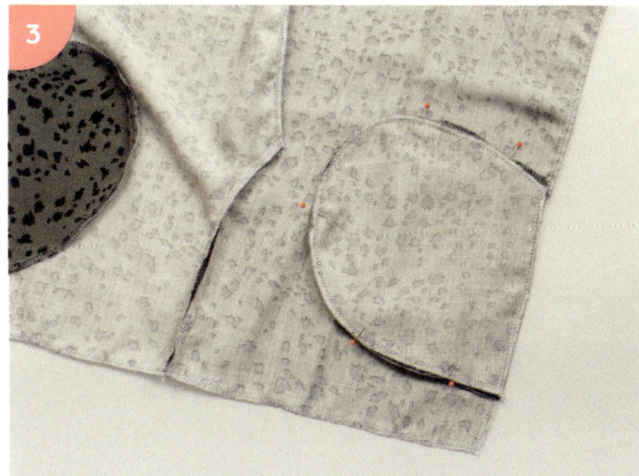

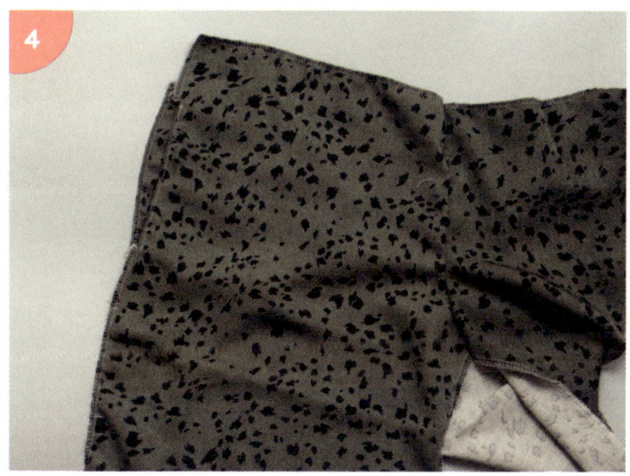

1. Ein Taschenbeutelteil rechts auf rechts an die Hose stecken und zwischen den Markierungen festnähen.
2. An der Markierung bis zur Nahtzugabe einschneiden, dann den Taschenbeutel umklappen, bügeln und knappkantig absteppen.
3. Das gegengleiche Taschenbeutelteil wird rechts auf rechts an den Taschenbeutel gesteckt, festgenäht und wieder abgesteppt.
4. Beim Schließen der Seitennaht unbedingt darauf achten, den Tascheneingriff nicht zu verschließen!

ÖSEN

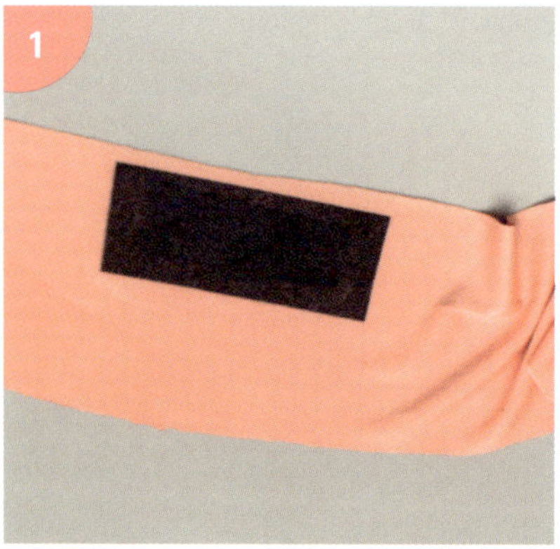

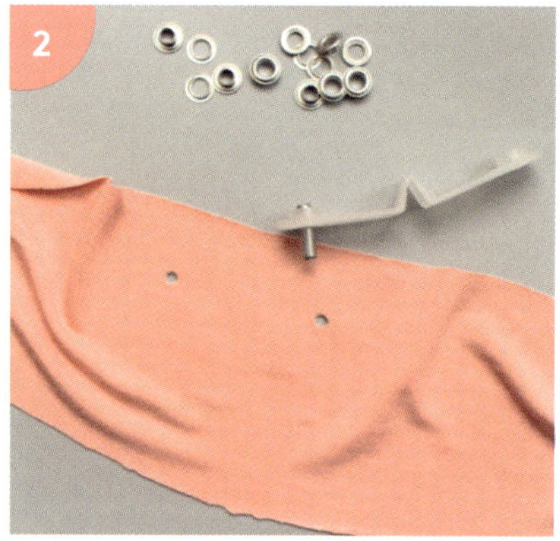

Ösen sind mein persönlicher Feind. Wahrscheinlich liegt es an dem großen Loch im Stoff, das man beim Stanzen hinterlässt, und der Tatsache, dass Löcher im Stoff meistens nichts Gutes sind! Trotzdem: Was sein muss, muss sein.

1. Das Wichtigste: ordentlich Verstärken nicht vergessen. Ich benutze meistens Vlieseline-Reste.
2. Wer genügend Material hat, fertigt noch ein Probestück aus demselben Stoff mit exakt derselben Verstärkung. So eine Öse wird ja gern auch mal verkehrt herum eingeschlagen ...
3. Anleitung auf der Packung beachten! Und mein persönlicher Tipp: Nicht mal „eben schnell" eine Öse einschlagen, nur um fertig zu sein. Die Wahrscheinlichkeit, dass dabei etwas schief läuft, ist groß. Nimm dir Zeit.

Eine gute Ösen-Alternative sind auch genähte Ösen. Für meine Nähmaschine habe ich eine „Lochstickeinrichtung", mit der man Ösen sticken kann. Das Gute: Die Öse kann neben verschiedenen Größen jede beliebige Garnfarbe haben und kann somit perfekt auf das Kleidungsstück abgestimmt werden. Ein Fest für alle Farbmonks!

KNOPFLÖCHER

Knopflöcher sind für viele Nähanfänger der Endgegner. Wer eine Nähmaschine mit Knopflochautomatik hat, ist hier fein raus: Theoretisch näht die Maschine das Knopfloch von selbst, lediglich die Position und Größe müssen festgelegt werden. Ein Blick in die Anleitung der Maschine und ein Probeknopfloch schaden jedoch nicht.

Je nach Maschine kann es sein, dass man als Erstes die Länge des Knopflochs ermitteln muss. Die Formel Knopfdurchmesser + 2x Knopfdicke + 1mm Zugabe hilft dabei.

Theoretisch besteht ein Knopfloch aus zwei langen Zickzack-Raupen mit zwei Riegeln, die sie begrenzen.

Den Stoff immer entsprechend verstärken – das ist vor allem bei dehnbaren und dünnen Stoffen ein Muss.

1. Position des Knopflochs einzeichnen und es mit der Knopflochautomatik der Nähmaschine nähen.
2. Mit einem Nahttrenner oder einer spitzen Schere vorsichtig auftrennen.

(BRUST-)ABNÄHER

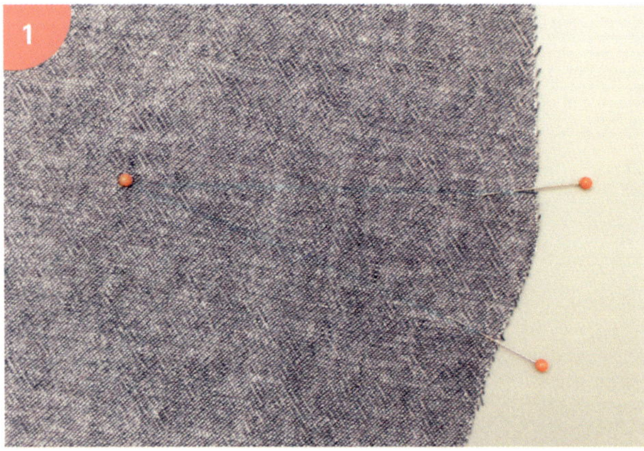

Durch Abnäher wird ein Kleidungsstück in Form gebracht. Der zweidimensionale Stoff wird dreidimensional und liegt so besser, ohne Falten, am Körper an.

1. Markierungen aus dem Schnittmuster genau übertragen. Hierfür eignen sich Trickmarker, Schneiderkreide oder auch Stecknadeln. Vor allem die Abnäherspitze markiere ich am liebsten mit einer Stecknadel.
2. Der Abnäher ist ein Winkel, der zur Spitze hin flach auslaufend genäht wird. Man näht also rechts auf rechts von der Seite zur Mitte des Vorderteils. Der vordere Ansatzpunkt soll so flach wie möglich sein. Die Naht wird am Ende nicht verriegelt, sondern so beendet, dass der Faden lang stehen bleibt und verknotet werden kann.
3. Der Abnäher wird auf der linken Seite nach unten, in Richtung Taille gelegt und in Form gebügelt.

KRÄUSELN

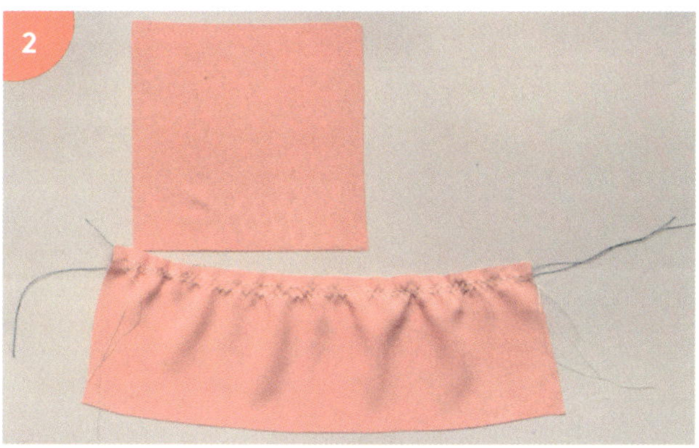

1. Beim Kräuseln wird eine Mehrweite an Stoff auf eine bestimmte Breite gebracht. Wer gern kräuselt, wird bei den Modellen Liese, Linnea, Hanna und Ronja auf seine Kosten kommen.

Beim Kräuseln gibt es verschiedene Vorgehensweisen, die beiden ohne Kräuselfuß oder Overlock sind die folgenden:

Kräuseln mit dem Geradstich:

2. Dicht an der Position der späteren Naht werden innerhalb der Nahtzugabe zwei parallele Linien mit maximal langem Stich gesteppt. Anfang und Ende werden nicht verriegelt, der Faden wird nicht abgeschnitten und bleibt lang. Oft sieht man beim Steppen, wie sich der Stoff wegen des langen Stichs schon leicht kräuselt.

3. Der Stoff wird auf die gewünschte Länge gekräuselt, indem man an den beiden Unterfäden zieht, bis die richtige Länge erreicht ist. Der gekräuselte Stoff wird am entsprechenden Gegenstück festgenäht und danach die beiden Hilfsfäden entfernt.

Kräuseln mit Framilonband:

Das Framilonband ist ein Gummiband, welches auf die gewünschte Länge der späteren Kräuselnaht geschnitten wird. Wie beim Annähen eines Bündchens werden sowohl Band als auch Nähstück in gleichmäßige Abschnitte aufgeteilt und aneinander gesteckt. Wenn das Band zwischen den Abschnitten unter Dehnung angenäht wird, hat das gekräuselte Nähstück später die exakt richtige Länge.

VERSÄUBERN MIT DER OVERLOCK

Es ist kein Geheimnis, dass man nicht zwingend vier gleiche Garnfarben in die Overlock einfädeln muss. Wenn ich einen Farbwechsel mache, um die Overlocknaht meinem Nähstück farblich anzupassen, wechsle ich oft nur die Nadelfäden aus, da diese Naht eventuell auf der rechten Stoffseite sichtbar sein könnte.

Bei Stoffen, bei denen linke und rechte Stoffseite schwer voneinander zu unterscheiden sind, fädle ich in den rechten Greifer eine andere Farbe ein als in den linken. Wenn ich meine Schnittteile sofort nach dem Zuschnitt alle von der gleichen Seite säume, kann ich später anhand der Overlock-Naht sofort sehen, welches die rechte Seite ist. Gerade beim nächtlichen Nähen erspart das eine mögliche böse Überraschung bei Tageslicht, wenn der Stoff mit den vermeintlich gleichen Seiten plötzlich doch Unterschiede aufweist.

PROJEKTE

ROCK MALIN

SCHWIERIGKEITSGRAD:

- Schaffst du locker!

Eleganter oder verspielter Rock in zwei Längen

Malin kann wadenlang mit gerafftem Bund oder etwas sportlicher, knielang mit aufgenähtem Gummiband genäht werden.

STOFFAUSWAHL:

Viskosewebware, Musselin, Leinen

Stoffverbrauch:

175 cm (bei einer Breite von 140 cm)

DAS BRAUCHST DU:

- 2 x Rockteil im Bruch
- 2 x Taschenbeutel (gegengleich)
- 2 x Taschenteil (gegengleich)
- Optional: 1 x Bund im Bruch (wenn kein Gummiband aufgenäht wird)
- Gummiband zum Einnähen oder Aufnähen

Du findest alle Schnittteile auf Schnittmusterbogen 1.

ZUSCHNITT:

Gib eine Nahtzugabe von 0,7 cm sowie eine ausreichende Saumzugabe zum Schnitt hinzu.

Beachte beim Zuschnitt, dass die Aussparungen für die Taschen nur im Vorderteil sind!

TIPPS:

- ***Benutze für den vorderen Taschenbeutel einen Futterstoff, wenn dein Hauptstoff etwas dicker ist.***
- ***Die Tasche eignet sich perfekt, um einen andersfarbigen Stoff zu verarbeiten oder eine Paspel einzunähen.***

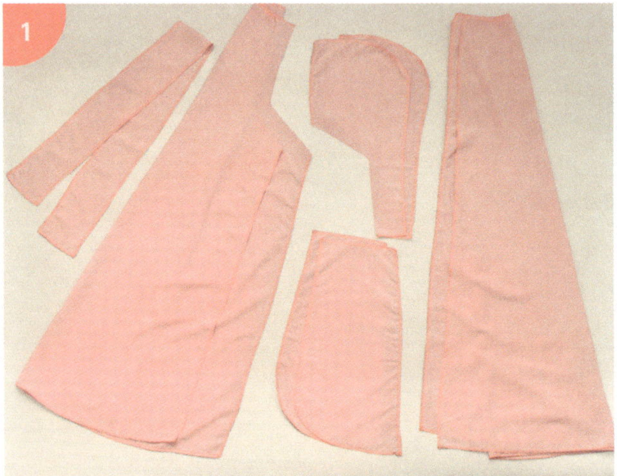

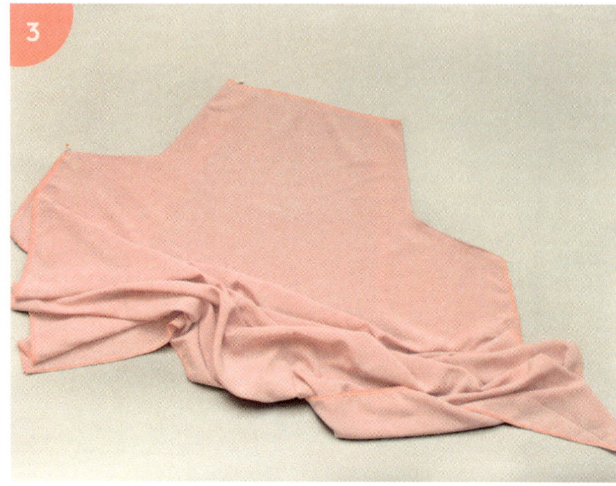

VERSION 1. LANG MIT BUND:

1. Versäubere alle Schnittteile mit dem Zickzackstich der Haushaltsnähmaschine oder mit der Overlock.
2. Lege das vordere Taschenteil rechts auf rechts auf das vordere Rockteil und nähe es fest.
3. Schneide die Nahtzugabe an der Ecke ein, klappe das Taschenteil um, bügle die Naht und steppe die zuvor genähte Strecke ab.

4. Lege das zweite Taschenteil rechts auf rechts auf das erste und nähe den Taschenbeutel.

5. Die Markierung am Rockteil und die Markierung am Taschenbeutel oben treffen sich. Steppe die Stofflagen zwischen diesen Markierungen innerhalb der Nahtzugabe zusammen, damit sie nicht verrutschen.

6. Nähe vorderes und hinteres Rockteil rechts auf rechts aneinander.

7. Nähe die kurze Seite des Bunds rechts auf rechts zusammen, lass jedoch zwischen Umbruch (Mitte) und Nahtzugabe auf einer Seite eine Öffnung für das Gummiband.

8. Stecke den im Umbruch gefalteten Bund rechts auf rechts an das Rockteil und nähe ihn fest. Die Klammer im Bild markiert die Öffnung für das Gummiband.

9. Ermittle die gewünschte Länge des Gummibands und ziehe es in den Bund ein. Lass es einige cm überstehen und nähe es mit einem Zickzackstich zusammen. Da verschiedene Bänder unterschiedlich dehnbar sind, messe ich immer am Gummiband selbst, indem ich es mir um die Hüfte/Taille lege und abstecke.

10. Säume den Rock und freue dich über das Ergebnis.

VERSION 2. KURZ MIT AUFGENÄHTEM, DEKORATIVEN GUMMIBAND:

Du findest alle Schnittteile auf Schnittmusterbogen 1.

Stoffverbrauch:
115 cm (bei einer Breite von 140 cm)

1. 1.–6. wie Version 1.

7. Ermittle die gewünschte Länge des Gummibands. Lege es dir dazu gedehnt (!) um die Taille und addiere 2 cm Nahtzugabe.

8. Schließe das Gummiband zum Ring, indem du es rechts auf rechts an der kurzen Seite zusammennähst. Verriegle diese Naht gut.

9. Falte die Nahtzugabe auseinander und steppe links und rechts der Naht entlang, um die Gummi-Enden glatt am Bund zu halten und die Naht zu verstärken.

10. Unterteile mithilfe von Stecknadeln sowohl Rock als auch Gummiband in mindestens 4, besser 8 gleich große Teile.

11. Stecke Gummi und Rock anhand der Teilungen gleichmäßig aneinander. Achtung: du steckst in diesem Fall das Gummiband links auf rechts an den Rock.

12. Nähe das Gummiband mit einem Geradstich gedehnt an den Rock. Da diese Naht – je nach Gummi – sichtbar sein wird, nimm farblich passendes Nähgarn.

13. Wenn nötig, nähe mit 0,5 cm Abstand ein zweites Mal entlang der ersten Naht. So klappt sich der Gummibund später beim Tragen nicht so leicht um. Ich verzichte darauf, zeige dir aber zum besseren Verständnis noch die Innenansicht des Bunds.

14. Säume den Rock.

SHORTS YLVI

SCHWIERIGKEITSGRAD:

⊛ ⊛ Nimm dir ein bisschen Zeit und dazu einen guten Tee!

Lässige Shorts mit Paperbag-Bund und breitem Bindeband

Ylvi ist kurz genug für bestes Sommerwetter, aber lang genug für den seriösen Auftritt.

STOFFAUSWAHL:

Viskoseleinen, Leinen, Chambray, Baumwollwebware

Stoffverbrauch:

115 cm (bei einer Breite von 140 cm)

DAS BRAUCHST DU:

- 2x Vorderhose (gegengleich)
- 2x Hinterhose (gegengleich)
- 2x vorderer Bund im Bruch
- 1x hinterer Bund im Bruch
- 4x Tasche (2x gegengleich)
- 2x Bindeband
- 1m Gummiband (3 cm breit)

Du findest alle Schnittteile auf Schnittmusterbogen 1.

ZUSCHNITT:

Gib eine Nahtzugabe von 0,7 cm sowie eine Saumzugabe am Bein von 1,5 cm zum Schnitt hinzu.

TIPPS:

- *Wenn du Ylvis Paperbag-Bund noch ausgeprägter haben möchtest, schneide die Bundteile einfach höher zu.*
- *Statt des genähten Bindebands kannst du auch ein Ripsband oder anderes dekoratives Band verwenden – ich schaue mich in diesem Fall auch gerne mal bei den breiten Schnürsenkeln um.*

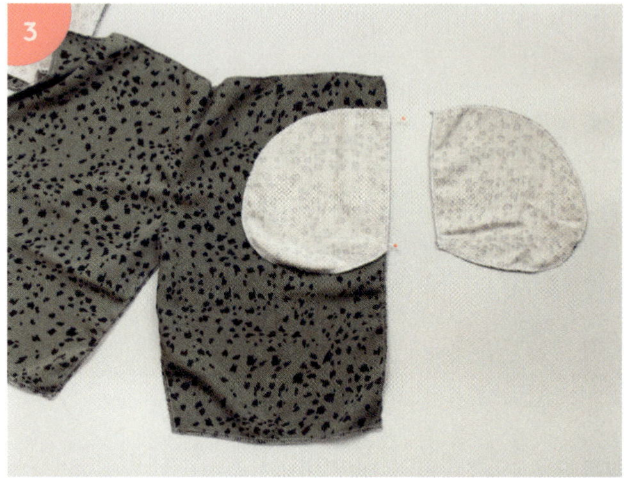

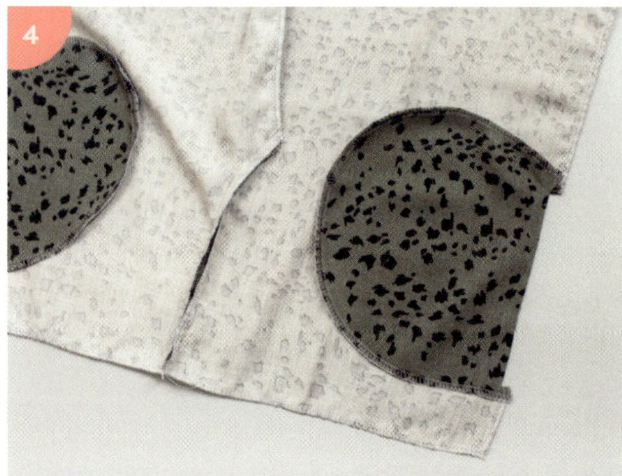

1. Versäubere alle Hosen-Schnittteile mit einem Zickzackstich der Haushaltsnähmaschine oder mit der Overlock.
2. Nähe sowohl die beiden Vorderteile als auch die beiden Rückteile im Schritt rechts auf rechts aneinander.
3. Lege die beiden Taschenteile für das Vorderteil rechts auf rechts auf das vordere Hosenteil und nähe sie zwischen den Markierungen fest.
4. Schneide die Nahtzugabe an den Markierungen bis zur Naht ein und klappe das Taschenteil um.

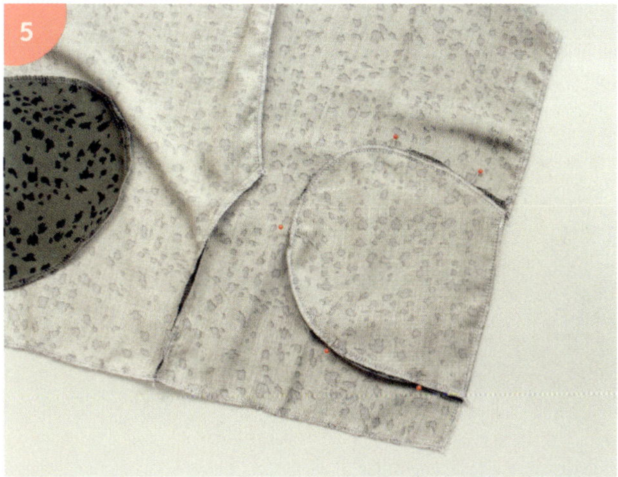

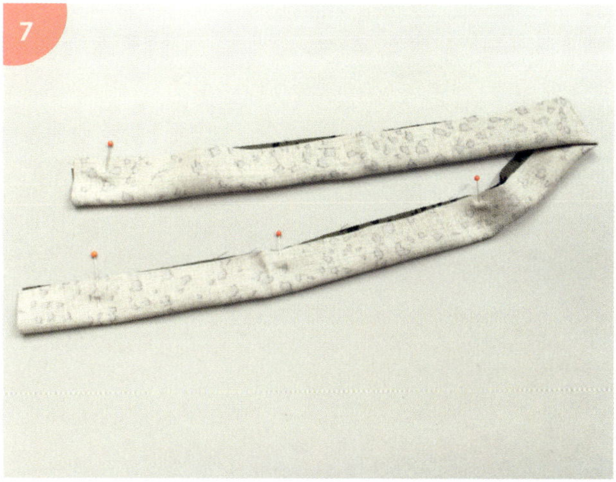

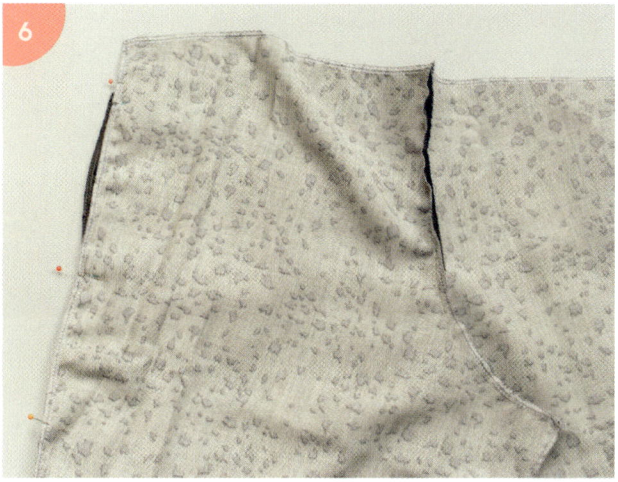

5. Lege das hintere Taschenteil rechts auf rechts auf das vordere und nähe es an der Rundung fest.

6. Lege Vorder- und Rückteil rechts auf rechts und schließe die Seitennähte. Achte auf die richtige Lage des zuerst genähten Taschenteils – es wird am Eingriff nicht mit gefasst.

7. Nähe die Bindebänder, indem du sie längs rechts auf rechts faltest, die Längsseite und eine Schmalseite zunähst und das Band dann wendest. Wer möchte, steppt die genähten Seiten noch von rechts ab.

8. Nähe die beiden kleinen Bundteile zum vorderen Bund zusammen. Er hat eine leichte Rundung, weshalb er nicht wie der hintere Bund am Stück zugeschnitten wird. Zusammengenäht hat das Bundteil aber dieselbe Höhe wie der hintere Bund.

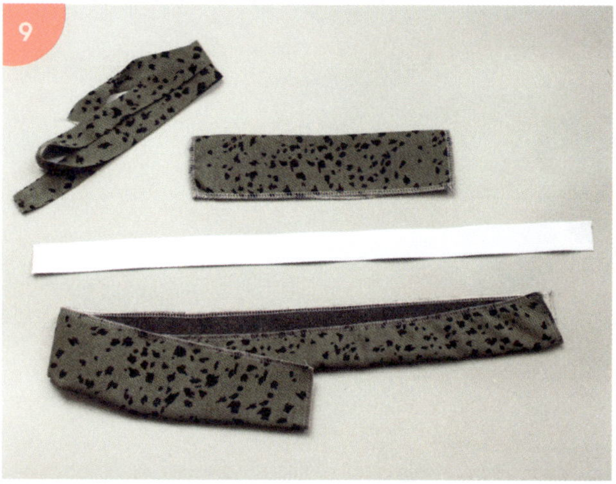

9. Alle Bundteile sind nun fertig vorbereitet und der Bund wird im Folgenden mitsamt Gummi in einem Rutsch zusammengenäht.

10. Stecke vorderen und hinteren Bund wie gewohnt rechts auf rechts zusammen, fasse aber die Bindebänder mit ein. Da das Gummiband nur im hinteren Bund verläuft, stecke es links und rechts an den vorderen Bund. Es wird mit dem vorderen Bund zum Ring geschlossen, läuft dabei aber im hinteren Bund. Zum Vergleich wirf einen Blick auf Culotte Liv (siehe S. 53), sie wird ebenso genäht, aber hat keine Bindebänder.

11. Nähe den offenen Rand des Bunds zu, um ihn leichter annähen zu können.

12. Stecke den Bund rechts auf rechts entsprechend den Markierungen an die Hose und nähe ihn fest.

13

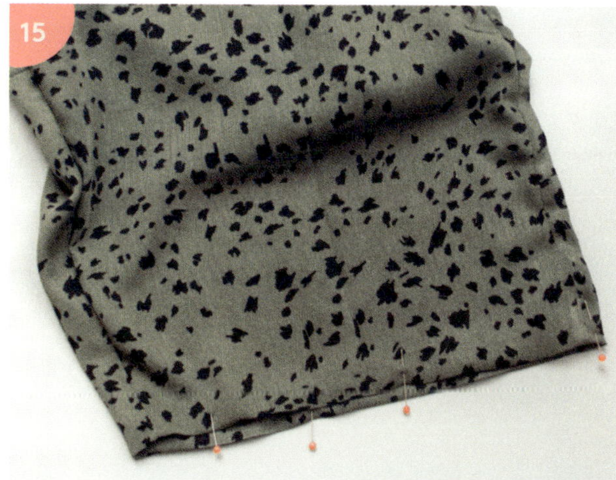

15

14

13. Für den Paperbag-Bund nähst du nun, ohne das Gummiband mitzunähen, eine Stepplinie parallel zur oberen Saumkante.

14. Schließe die Naht im Schritt rechts auf rechts.

15. Säume die Hosenbeine.

CULOTTE LIV

SCHWIERIGKEITSGRAD:

Nimm dir ein bisschen Zeit und dazu einen guten Tee!

Die Culotte für jede Gelegenheit

Culottes – halb Rock, halb Hose. Die einen lieben sie, die anderen haben sie eher hinten auf der To-Sew-Liste. So unterschiedlich die Geschmäcker sind, so gleich ist die Anforderung an den Hosenrock: Die Länge muss stimmen!

STOFFAUSWAHL:

Viskoseleinen, Leinen, Chambray, Jeans, Baumwollwebware

Stoffverbrauch:

190 cm (bei einer Breite von 140 cm)

DAS BRAUCHST DU:

- 2x Vorderhose (gegengleich)
- 2x Hinterhose (gegengleich)
- 2x vorderer Bund im Bruch
- 1x hinterer Bund im Bruch
- 4x Tasche (2x gegengleich)
- 1m Gummiband (3 cm breit)

Du findest alle Schnittteile auf Schnittmusterbogen 1.

ZUSCHNITT:

Gib eine Nahtzugabe von 0,7 cm sowie eine Saumzugabe am Bein von 1,5 cm zum Schnitt hinzu.

TIPP:

Miss deine Innenbeinlänge und vergleiche sie mit dem Schnitt. Wenn du deutlich kürzen oder längen musst, mach das einmal im Oberschenkel- und einmal im Wadenbereich.

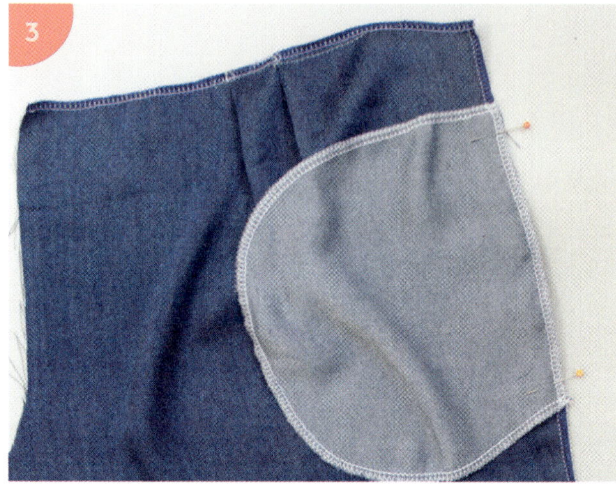

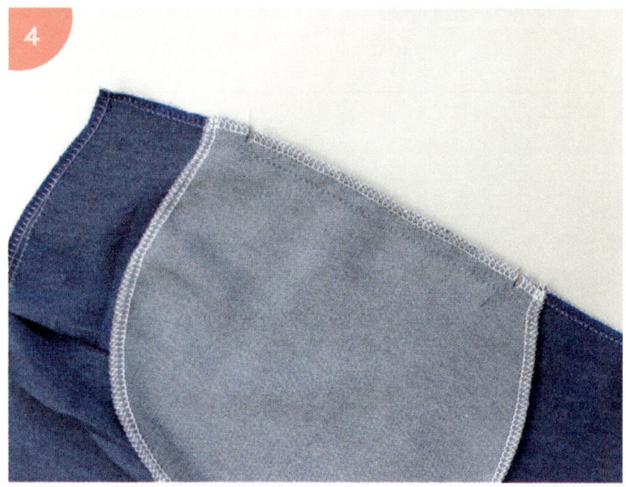

1. Versäubere alle Hosen-Schnittteile mit einem Zickzackstich der Haushaltsnähmaschine oder mit der Overlock.
2. Stecke die Falten in den beiden Teilen der Vorderhose fest, bügle und nähe sie innerhalb der Nahtzugabe.
3. Lege die beiden Taschenteile für das Vorderteil rechts auf rechts auf das vordere Hosenteil und nähe sie zwischen den Markierungen fest.
4. Schneide bis zur Naht ein, wende die Taschenteile und steppe gegebenenfalls ab.

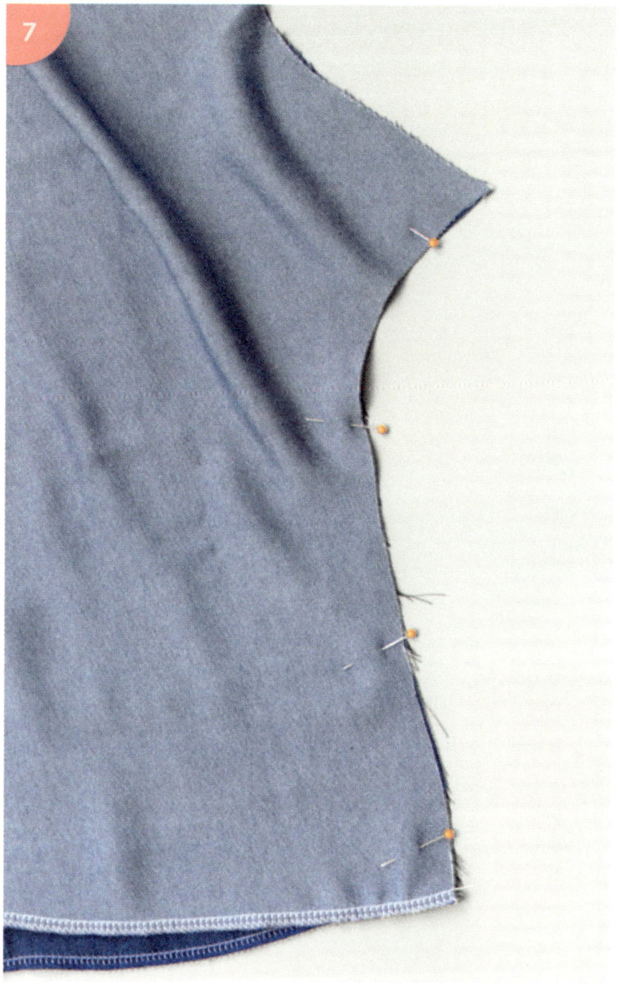

5. Lege das zweite Taschenteil rechts auf rechts auf das erste und nähe es fest.

6. Lege Vorder- und Rückteile rechts auf rechts und schließe die Seitennähte. Achte auf die richtige Lage des zuerst genähten Taschenteils – es wird am Eingriff nicht mit gefasst.

7. Nähe die beiden Vorder- und Hinterhosen rechts auf rechts zusammen.

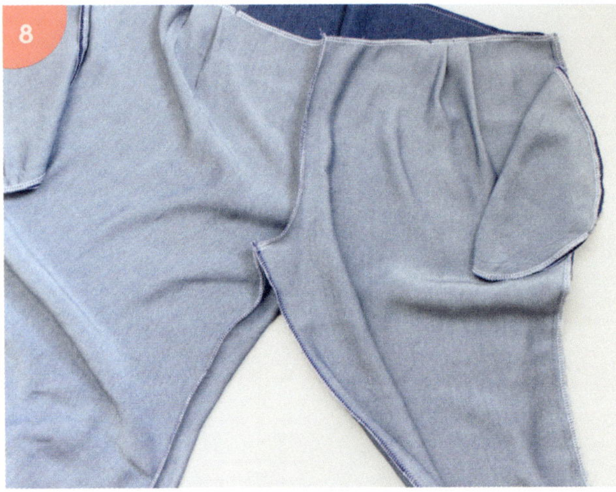

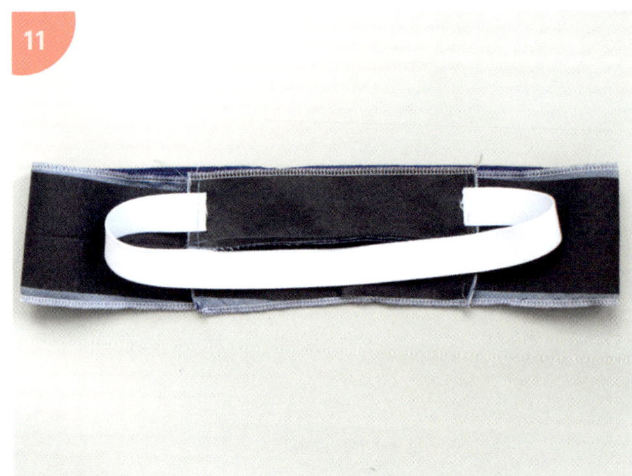

8. Schließe die innere Beinnaht.

9. Nähe das vordere Bund-Teil an der oberen Kante rechts auf rechts zusammen.

10. Nähe die beiden Bund-Teile an den kurzen Seiten rechts auf rechts zu einem Ring zusammen und fasse dabei das Gummiband mit ein. Achtung, bei dieser Nähweise ist die Länge des Gummibands nicht mehr variabel, miss also vorher aus und berücksichtige den vorderen Bund, der addiert wird.

11. Achte darauf, dass das Gummiband nur auf einer Seite des Umbruchs liegt.

12. Schließe gegebenenfalls die untere Seite des Bunds, um ihn leichter annähen zu können.

13. Nähe den Bund an die Hose. Der vordere Bund liegt dabei genau zwischen den Falten.

14. Säume die Hosenbeine.

HOSE FINJA

SCHWIERIGKEITSGRAD:
⊗ ⊗ Nimm dir ein bisschen Zeit und dazu einen guten Tee!

Elegante Hose im Jogger-Stil
Finja ist ganz schön wandelbar: Sie macht es sich mit dir auf der Couch bequem, geht zum Sport, zur Arbeit oder in die Bar – einzig die Stoffwahl entscheidet über Finjas Stil.

STOFFAUSWAHL:
Viskosejersey
Stoffverbrauch:
170 cm (bei einer Breite von 140 cm)

DAS BRAUCHST DU:

- 2 x Vorderhose (gegengleich)
- 2 x Hinterhose (gegengleich)
- 1 x Bund im Bruch
- 2 x Tasche (gegengleich)
- 2 x Taschenbeutel (gegengleich)
- 1,5 m Gummiband (3 cm breit)
- Optional: 1 x Bindeband

Du findest alle Schnittteile auf Schnittmusterbogen 2.

ZUSCHNITT:
Gib eine Nahtzugabe von 0,7 cm hinzu. Finja hat kein separates Bündchen am Bein. Dieses ist schon im Schnittteil integriert, weshalb auch keine Saumzugabe hinzugegeben wird.

TIPPS:
- *Miss deine Innenbeinlänge und vergleiche sie mit dem Schnitt. Wenn du deutlich kürzen oder längen musst, mach das einmal im Oberschenkel- und einmal im Wadenbereich.*
- *Statt des genähten Bindebands kannst du auch ein Ripsband oder anderes dekoratives Band verwenden – ich schaue mich in diesem Fall auch gerne mal bei den breiten Schnürsenkeln um.*

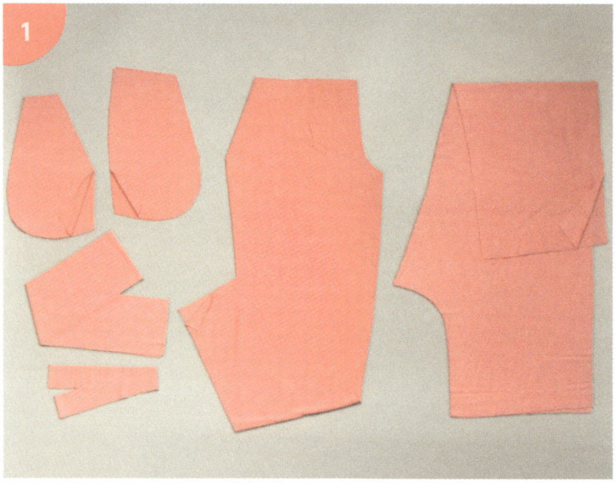

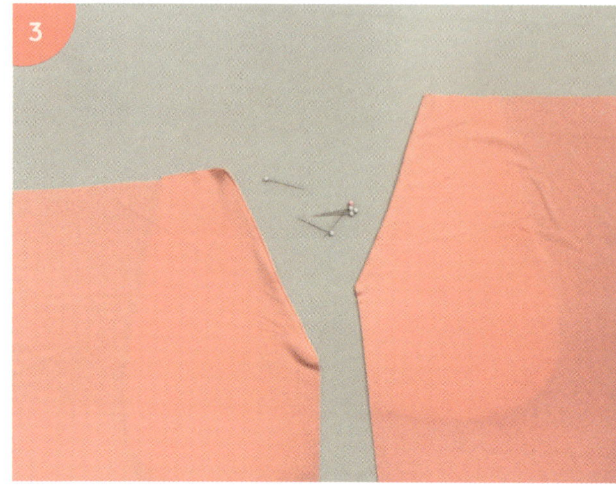

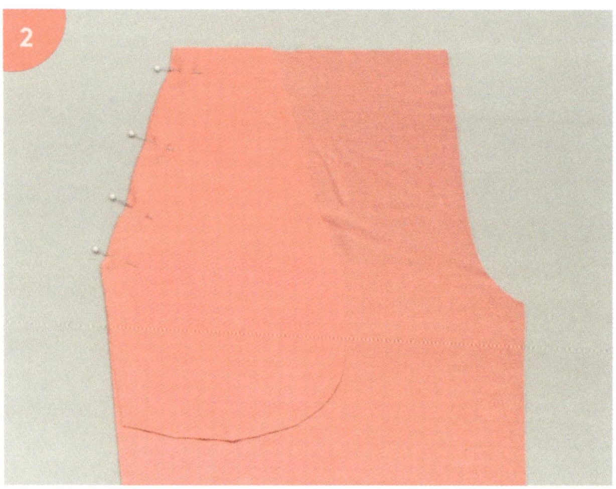

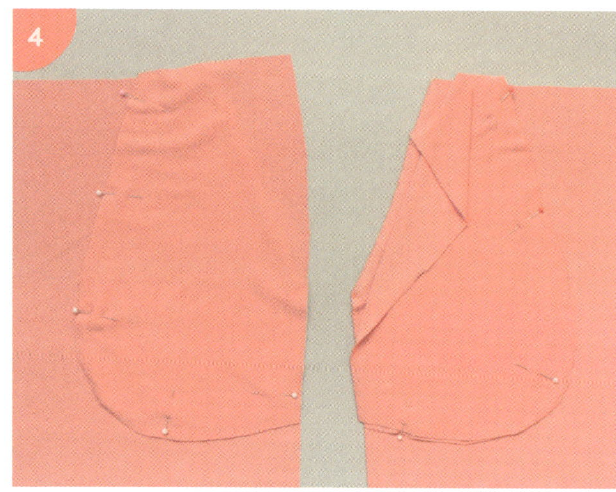

1. Wenn dein Stoff sich nicht aufribbelt, kannst du ihn unversäubert mit einem Zickzackstich oder der Overlock vernähen.
2. Lege das vordere Taschenteil rechts auf rechts auf das vordere Hosenteil und nähe es fest. Siehe S. 26.
3. Klappe das Taschenteil um, bügle die Naht und steppe die gerade Strecke ab.
4. Lege das zweite Taschenteil rechts auf rechts auf das erste und nähe es fest.

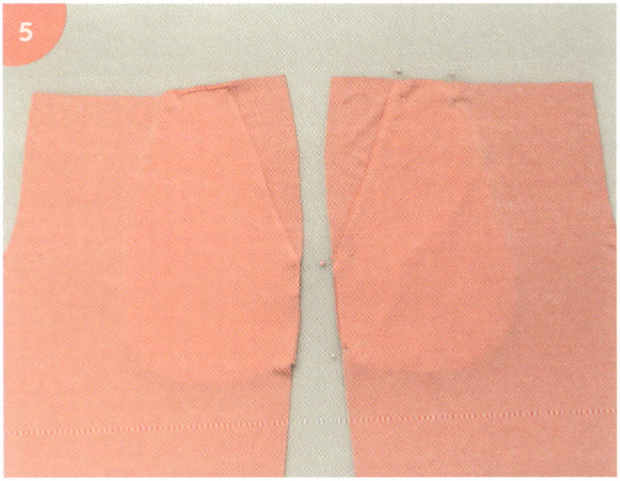

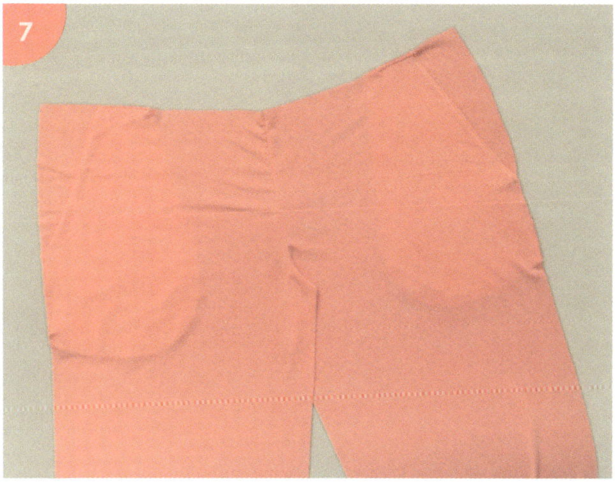

5. Die Markierung an der Vorderhose und die Markierung am Taschenbeutel oben treffen sich. Steppe die Stofflagen zwischen diesen Markierungen innerhalb der Nahtzugabe zusammen.

6. Nähe die beiden Hinterhosen-Teile im Schritt rechts auf rechts aneinander.

7. Nähe die beiden Vorderteile ebenfalls rechts auf rechts aneinander.

8. Lege das Vorder- und Rückteil rechts auf rechts und schließe die Seitennähte. Achte auf die richtige Lage der Taschenbeutel – sie werden mit eingefasst und so verschlossen.

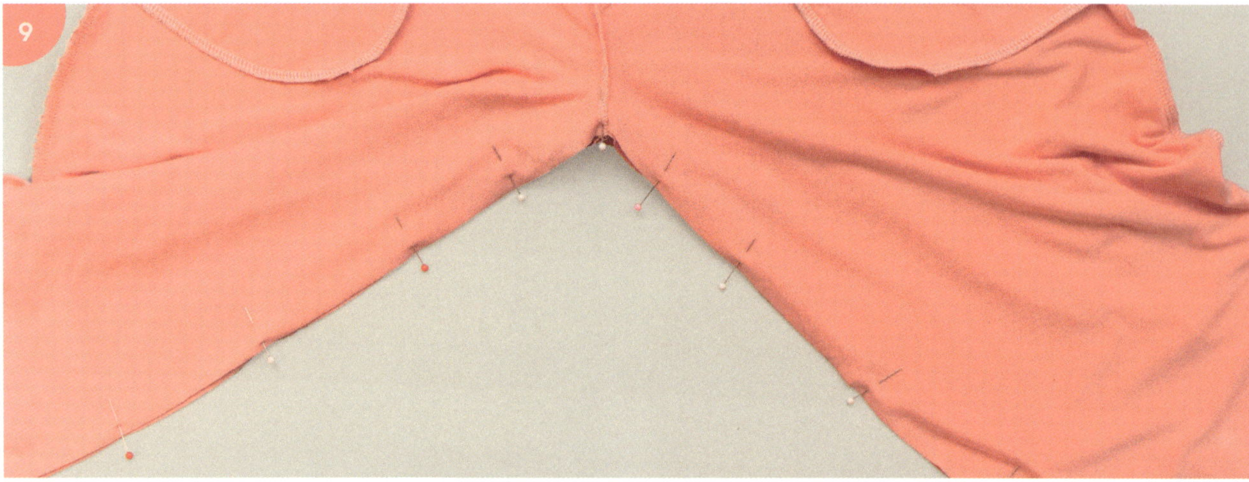

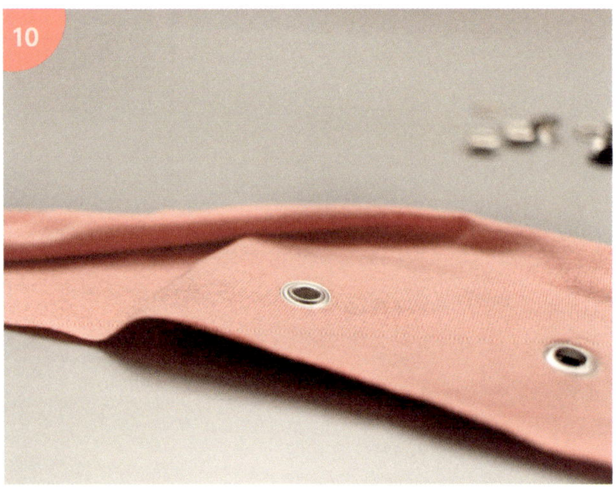

9. Schließe die innere Beinnaht.

10. Wenn du ein Bindeband in deiner Hose haben möchtest, setze nun die Ösen. Siehe S. 28. Danach nähe die kurze Seite des Bunds zusammen, lass jedoch zwischen Umbruch (Mitte) und Nahtzugabe auf einer Seite eine Öffnung für das Gummiband.

11. Wenn du den Bund später absteppen möchtest, zeichne dir gegebenenfalls mit Trickmarker schon die Linien ein, bevor du den Bund rechts auf rechts an die Hose steckst. Die Öffnung für das Gummiband liegt in meinem Beispiel ganz hinten, ich nähe das Gummiband aber schon in diesem Schritt mit ein, statt es nachher einzufädeln.

12. Ermittle die gewünschte Länge des Gummibands und ziehe es in den Bund ein. Nähe es mit einem Zickzackstich zusammen. Da verschiedene Bänder unterschiedlich dehnbar sind, messe ich immer am Gummiband selbst, indem ich es mir um die Hüfte/Taille lege und abstecke.

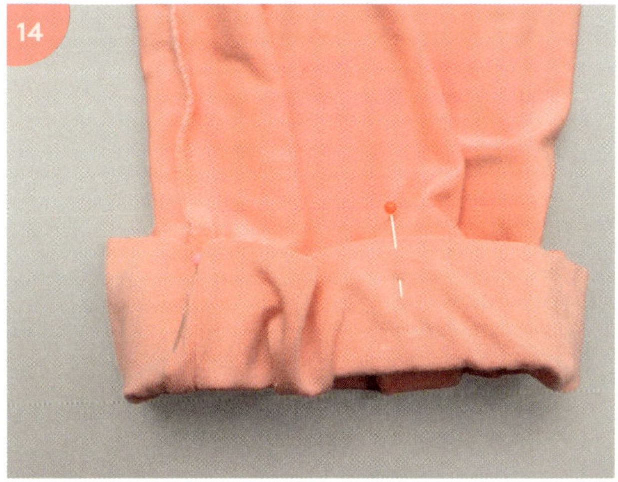

13. Steppe das Gummiband in zwei Reihen mit einem Geradstich im Bund fest. Dazu hältst du den Bund gestrafft, während du ihn mit einem minimalen Zickzack- oder Geradstich absteppst. Wenn du einen Tunnelzug nähst, steppe die Reihen so, dass dein Bindeband genügend Platz hat.

14. Am Hosenbein ist der Saum/Umschlag schon enthalten. Klappe den Umschlag um, bügle ihn, lege das Gummiband ein und steppe ihn fest. Alternativ kannst du auch ohne Gummiband umklappen und feststeppen, musst dann aber eine Öffnung für das Band lassen. Gerade bei breiten Bändern bevorzuge ich jedoch die andere Verarbeitung.

15. Analog zum Bund wird auch bei den Beinabschlüssen in zwei Reihen abgesteppt.

KNOTENSHIRT STINE

SCHWIERIGKEITSGRAD:

- Schaffst du locker!

Lockeres Basicshirt mit optionalem Knoten

Das Basicshirt passt in jeden Kleiderschrank: Stine ohne Knoten, Stine mit Knoten, Stine uni, Stine gemustert.

STOFFAUSWAHL:

alle Webstoffe – für die Knotenversion empfehle ich aber einen eher dünneren Stoff

Stoffverbrauch:

Stine (mit Knoten) 100 cm
(bei einer Breite von 140 cm)

DAS BRAUCHST DU:

- 1x Vorderteil im Bruch
- 1x Rückteil im Bruch
- 1x Vorderteilbeleg im Bruch
- 1x Rückteilbeleg im Bruch
- optional Knotenbeleg im Bruch

Du findest alle Schnittteile auf Schnittmusterbogen 6.

ZUSCHNITT:

Gib eine Nahtzugabe von 1 cm zum Schnitt hinzu. Eine zusätzliche Saumzugabe benötigst du nur am Arm.

TIPPS:

- *Mein Stoffdesign Lea auf feinem Viskoseleinen ist perfekt für Stine. Du bekommst Lea in zwei Farbstellungen exklusiv bei www.stoffundliebe.de.*
- *Stine kann fast jede Stoffqualität vertragen und es spricht auch nichts gegen Wirkware.*
- *Teile Vorderteil und Rückenteil einfach diagonal oder quer und verwerte so ein paar Stoffreste. Mach Stine zu deinem Unikat – denk dabei aber an die Nahtzugabe an jeder Teilung!*

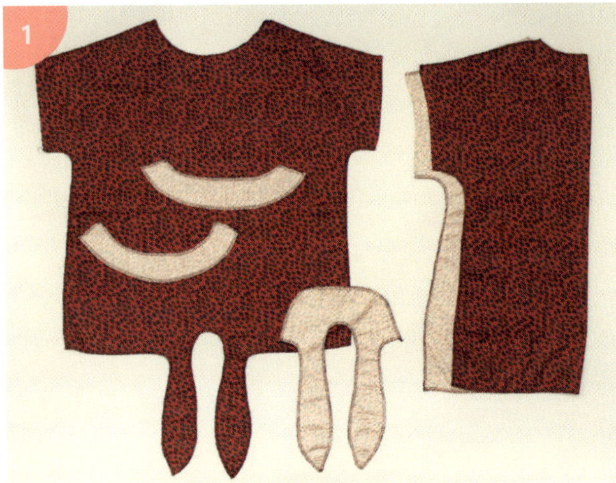

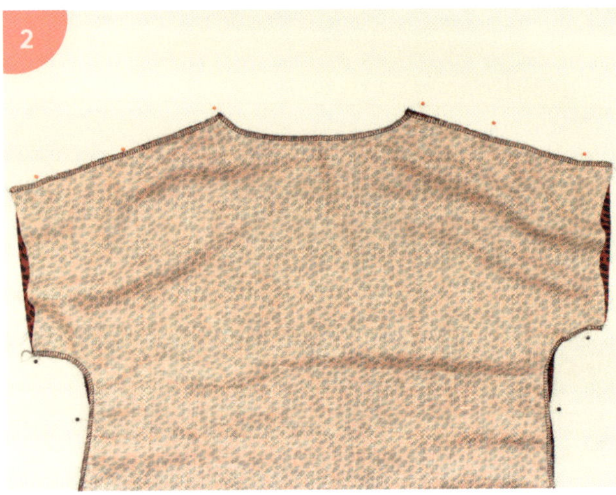

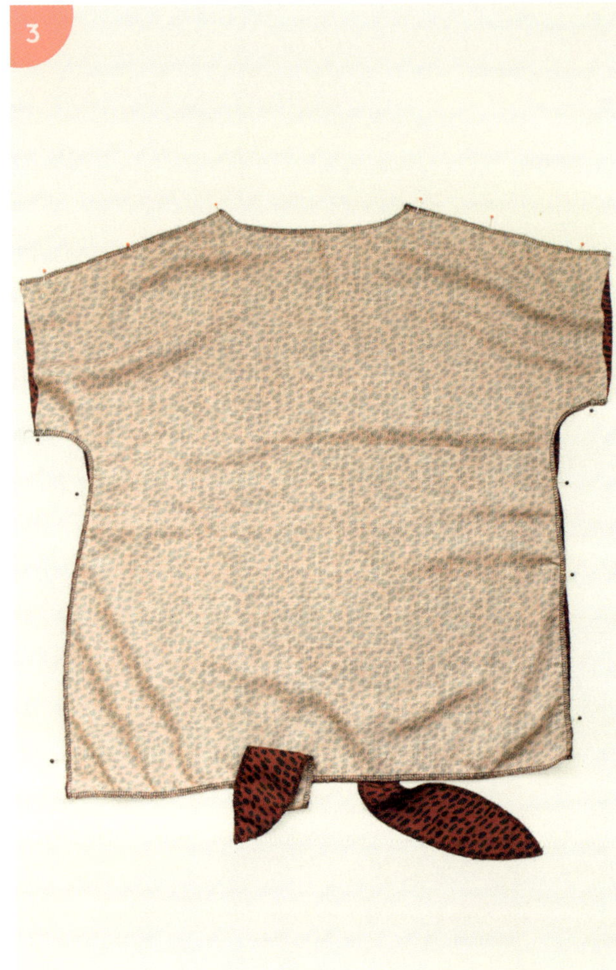

1. Versäubere alle Schnittteile mit einem Zickzackstich der Haushaltsnähmaschine oder mit der Overlock.
2. Lege Vorder- und Rückteil rechts auf rechts und schließe die Schulternähte.
3. Schließe die Seitennähte.

4

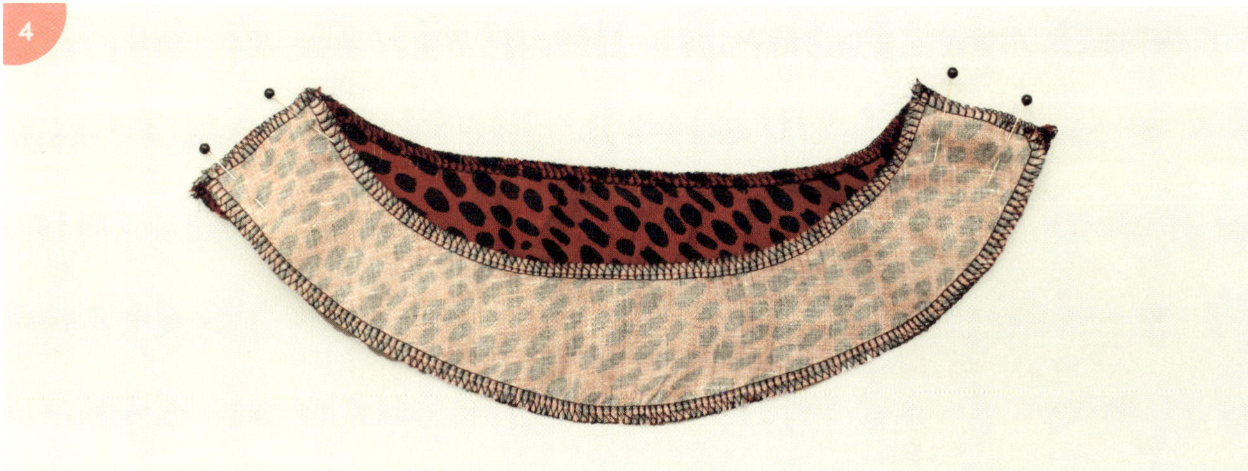

5

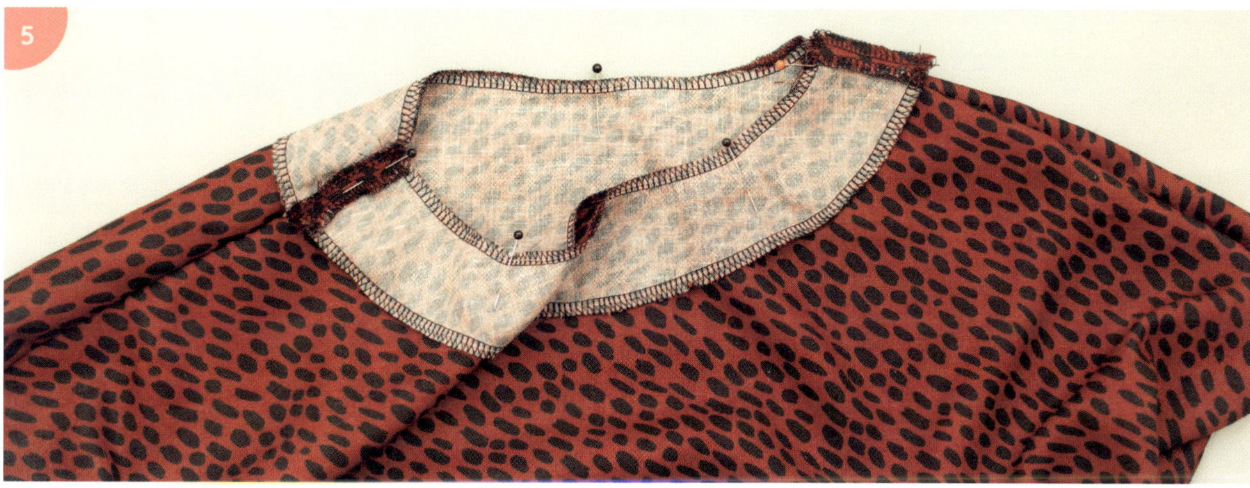

4. Lege die beiden Belegteile für den Ausschnitt rechts auf rechts aufeinander und schließe sie zum Ring.

5. Streiche oder bügle die Nähte auseinander, stecke den Ausschnittbeleg mit der rechten Seite auf die rechte Seite des Oberteils und nähe ihn fest.

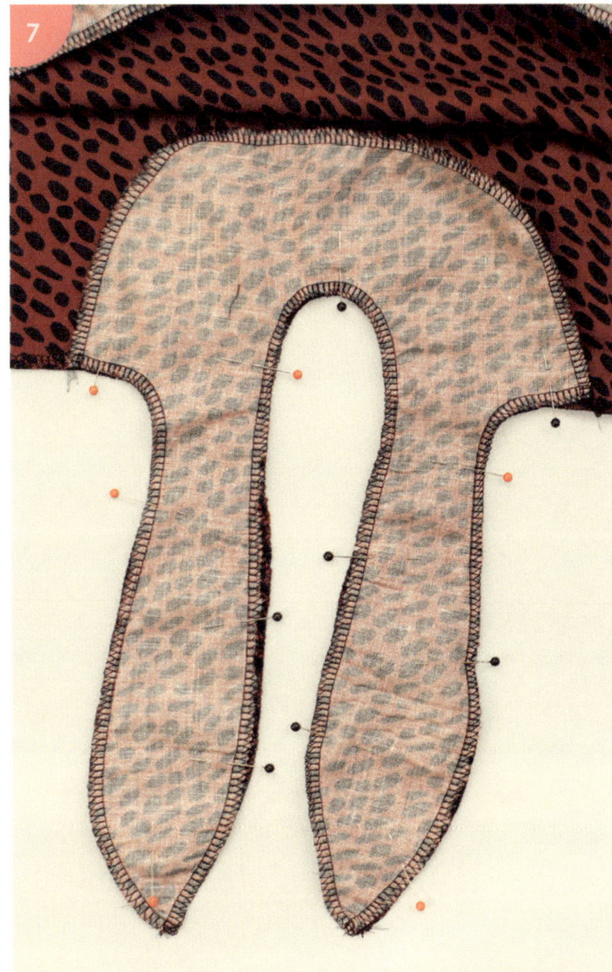

6. Verstürze den Beleg, bügle ihn und steppe ihn mit einem längeren Geradstich fest.

7. Wenn du mit Knoten nähst, lege nun den Knotenbeleg rechts auf rechts auf das Vorderteil und nähe ihn mit 1 cm Nahtzugabe fest.

8. Wende die beiden Knotenteile auf rechts. Eventuell bleiben sie besser in Form, wenn du sie knappkantig absteppst.

9. Säume die Armlöcher und den Saum. Je nach Material kannst du die Säume am besten beim Bügeln mit einem speziellen Bügellineal auf die richtige Länge bringen. Bei der Knotenvariante ergibt sich der Saum durch die Nahtzugabe.

TRÄGERTOP HILDA

SCHWIERIGKEITSGRAD:

- Schaffst du locker!

Lockeres Trägertop oder Kleid mit Zipfelträgern

Hilda ist schnell genäht und das ist auch gut so, du willst schließlich noch mit ihr raus, die Sonne ruft!

STOFFAUSWAHL:

alle leichten Webstoffe, zum Beispiel Viskose oder Musselin

Stoffverbrauch:

Hilda (mit Hasenohren aber einem Beleg aus anderem Stoff)

Hilda (mit Hasenohren ohne Beleg) 100 cm (bei einer Breite von 140 cm)

DAS BRAUCHST DU:

- 1x Vorderteil im Bruch
- 1x Rückteil im Bruch
- 1x Vorderteilbeleg im Bruch
- 1x Rückteilbeleg im Bruch

Du findest alle Schnittteile auf Schnittmusterbogen 5.

ZUSCHNITT:

Gib eine Nahtzugabe von 0,7 cm sowie eine Saumzugabe von 1,5 cm zum Schnitt hinzu. Wenn du mit einem Rollsaum oder Blindstich säumen möchtest, beachte die dafür nötige Saumzugabe.

TIPP:

Verwende Viskosejersey oder einen Funktionsstoff und Hilda wird zum bequemen Sporttop. Statt der Zipfel kannst du ein Stück Gummiband für den sportlichen Look einnähen – kürze dann die Träger um die Länge des Gummibands.

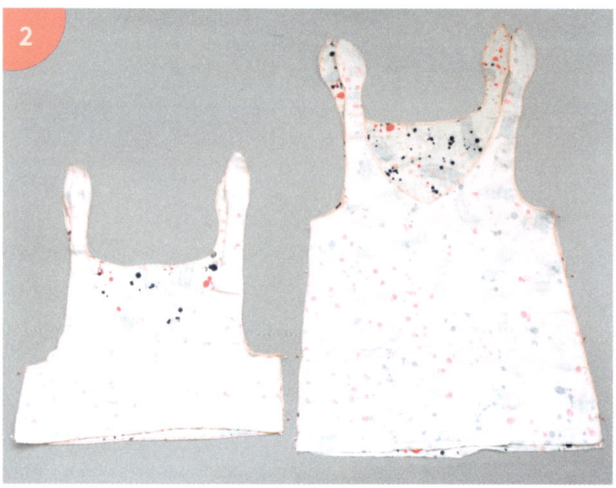

1. Versäubere alle Schnittteile mit einem Zickzackstich der Haushaltsnähmaschine oder mit der Overlock und markiere die Schulternaht auf der rechten Stoffseite mit einem Trickmarker.

2. Nähe dann Vorderteil und Rückteil an den Seitennähten rechts auf rechts. Nähe die beiden Belegteile ebenso.

3. Stecke Oberteil und Beleg rechts auf rechts ineinander und nähe sie fest. Eventuell kannst du noch knappkantig absteppen. Ich habe das bei einer Hilda aus dünner Viskosewebware gemacht, hier bei der bauschigeren Musselin-Hilda gefällt es mir besser ohne die zusätzliche Naht.

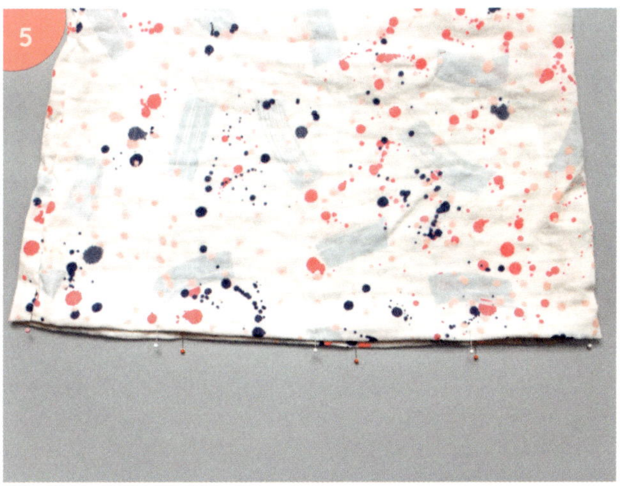

4. Die Heftfäden oder Striche des Trickmarkers markieren den zukünftigen Knoten. Um diesen auch wirklich links und rechts auf der gleichen Höhe zu haben, nähe ich die Schulternaht mit ein paar Stichen zu. Der Knoten darüber kann nun ein einfacher sein, da er keine Funktion mehr hat und nur der Optik dient.

5. Bügle den Saum um und steppe ihn fest.

6. Zwei Knoten rein und fertig ist das Sommerteil.

LATZHOSE JETTE

SCHWIERIGKEITSGRAD:

⊗ ⊗ Nimm dir ein bisschen Zeit und dazu einen guten Tee!

Leichte Egg-Shape-Latzhose in zwei Längen

Jette ist eine um die Hüfte locker sitzende Latzhose, die perfekt zu einem figurbetonten Shirt kombiniert werden kann.

STOFFAUSWAHL:

Leinen, Halbleinen oder Musselin

Stoffverbrauch:

195 cm (bei einer Breite von 140 cm)

DAS BRAUCHST DU:

- 2 x Vorderteil (gegengleich)
- 2 x Rückteil (gegengleich)
- 1 x Vorderteilbeleg im Bruch
- 1 x Rückteilbeleg im Bruch
- 2 x Träger, ca. 55 cm lang aus Stoff oder breitem Webband
- Optional: 2 x Knöpfe, die als Verschlussvariante an die Träger genäht werden können (anstatt die Träger zu knoten)

Du findest alle Schnittteile auf Schnittmusterbogen 3.

ZUSCHNITT:

Gib eine Nahtzugabe von 0,7 cm sowie eine Saumzugabe am Bein von 1,5 cm zum Schnitt hinzu.

Wenn du die kurze Jette nähst, lass die Saumzugabe etwas länger, wenn du den Bund lässig krempeln/umschlagen möchtest.

TIPP:

Gib beim Hosenbein lieber ein paar cm hinzu. Bei der ersten Anprobe stellst du vielleicht fest, dass du Jette doch lieber zu Highheels als zu Sneakern tragen möchtest, und kannst so die perfekte Länge ermitteln.

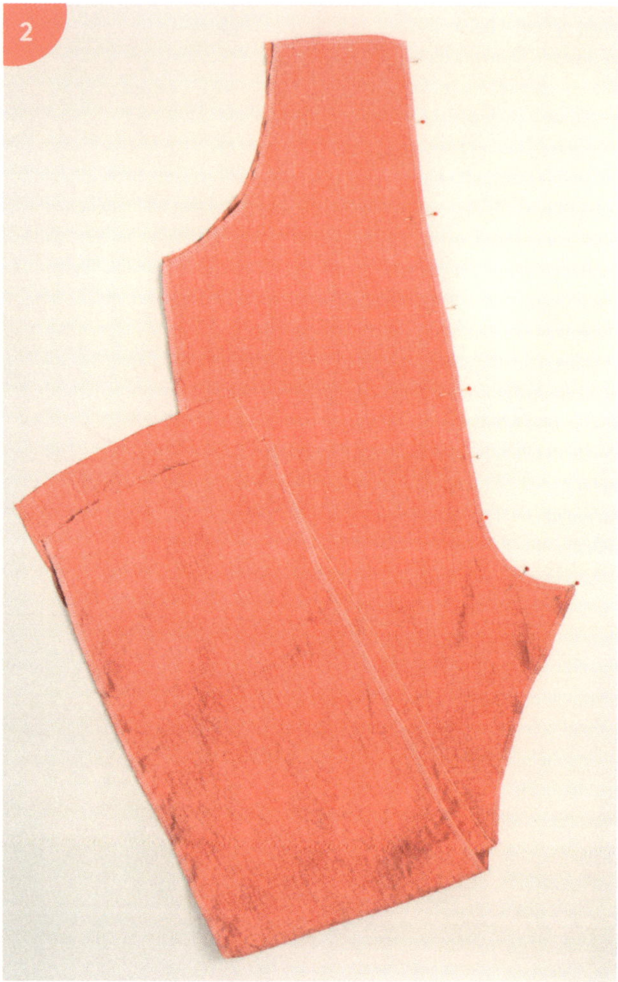

1. Versäubere alle Hosen-Schnittteile mit einem Zickzackstich der Haushaltsnähmaschine oder mit der Overlock.

2. Nähe die beiden Vorderhosen rechts auf rechts aneinander.

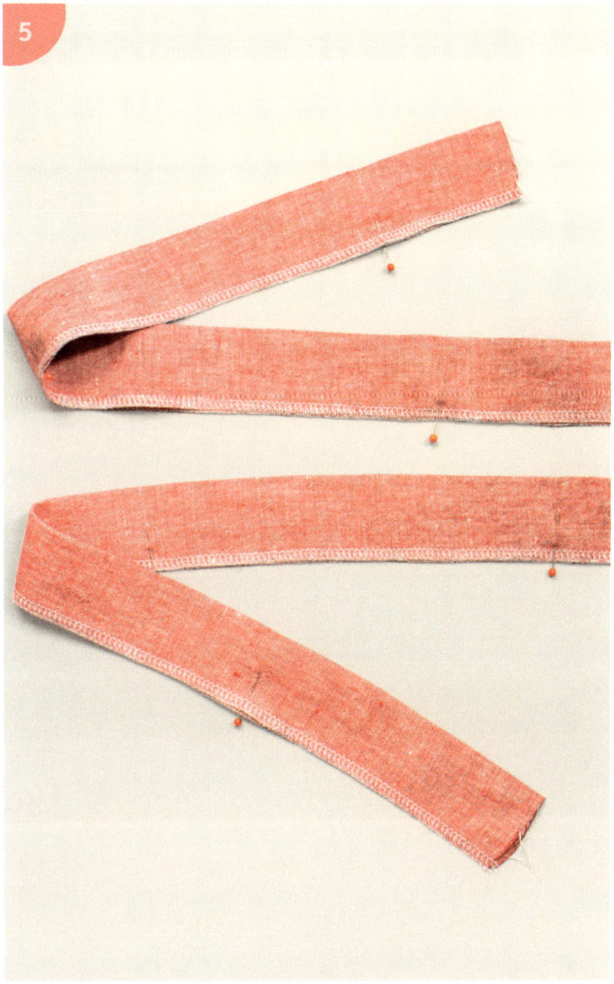

3. Nähe die beiden Rückteile ebenfalls rechts auf rechts aneinander. Besonders schön sieht es aus, wenn die Mittelnähte an Vorder- und Rückteil nochmal abgesteppt werden.

4. Lege das Vorder- und Rückteil rechts auf rechts und schließe die Seitennähte.

5. Wenn du kein Gurt- oder Webband verwendest, schließt du nun die beiden Stoffstreifen für die Träger an der langen Seite rechts auf rechts.

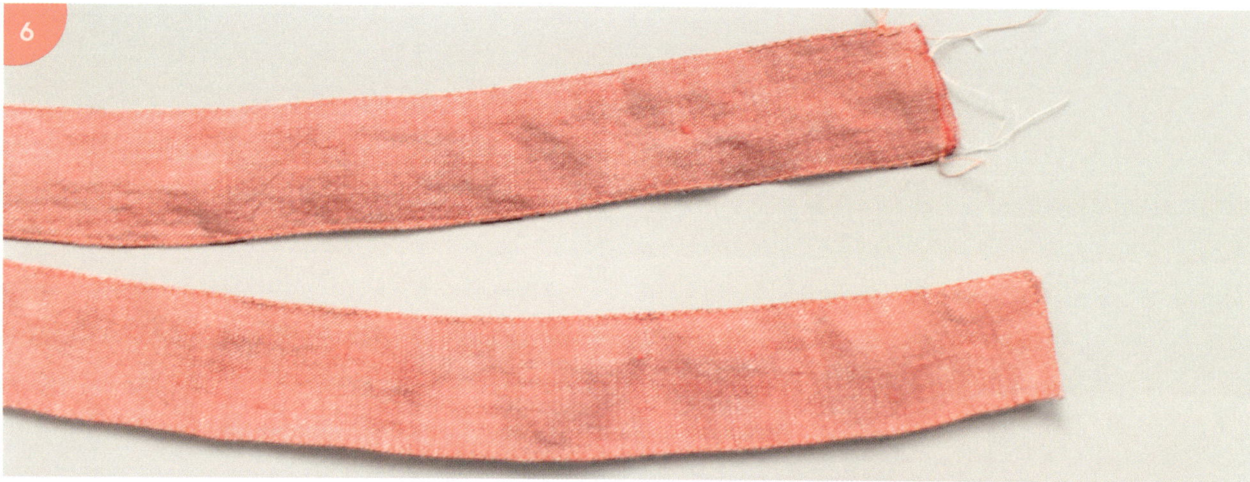

6. Trägerteile wenden und optional – je nach verwendeter Stoffart – bügeln und knappkantig absteppen.
7. Nähe die Belege von Vorder- und Rückteil rechts auf rechts zusammen.
8. Nähe den Beleg rechts auf rechts an die Hose und fasse mit ihm die Träger ein. Lege dazu die Hose mit der linken Seite nach außen mit dem Rückteil nach oben. Platziere die Trägerteile auf der Hose und stecke den Beleg an allen drei Teilen fest.

9. Auf rechts wenden, bügeln und absteppen. Arbeite an den oberen Ecken des Vorderteils Knopflöcher wie in der Grundanleitung auf S. 29 beschrieben.

10. Säume die Hosenbeine. Ich finde, zu einer lässigen Leinenhose passt es gut, die Säume nur umzuschlagen und seitlich zu fixieren.

BLUSE NELE

SCHWIERIGKEITSGRAD:
⊗ ⊗ Nimm dir ein bisschen Zeit und dazu einen guten Tee!

Bluse in Wickeloptik mit weitem Arm

Nele ist eine locker sitzende Bluse in Wickeloptik. Sie passt perfekt zu Jeans, trägt sich aber mit einem feinen, weich fallenden Stoff auch toll unter einem Blazer.

STOFFAUSWAHL:
dünnere, fließende Stoffe
Stoffverbrauch:
Nele (mit Beleg aus Oberstoff) 200 cm

Nele (ohne Beleg) 185 cm (bei einer Breite von 140 cm)

DAS BRAUCHST DU:

- 2x Vorderteil (gegengleich)
- 1x Rückteil im Bruch
- 2x Vorderteilbeleg (gegengleich)
- 1x Rückteilbeleg im Bruch
- 2x Ärmel (gegengleich)
- 1,5 m Gummiband (1 cm breit)
- eventuell leichte Einlage für den Beleg

Du findest alle Schnittteile auf Schnittmusterbogen 5.

ZUSCHNITT:
Gib eine Nahtzugabe von 0,7 cm sowie eine Saumzugabe von 1,5 cm zum Schnitt hinzu.

TIPP:
Wenn du einen festeren oder voluminöseren Stoff verwendest, kannst du die Ärmel unten etwas schmaler zulaufen lassen – so kommst du mit dem Arm auch noch in eine Jacke.

1. Versäubere alle Schnittteile mit einem Zickzackstich der Haushaltsnähmaschine oder mit der Overlock.
2. Fixiere die beiden Vorderteile innerhalb der Nahtzugabe.
3. Lege die beiden Vorderteile und das Rückteil rechts auf rechts und schließe die Schulternähte. Bügle die Schulternähte auseinander.

4. Nähe die drei Belegteile genauso zusammen und bügle die Nähte ebenfalls auseinander.

5. Stecke und nähe die Ärmel rechts auf rechts an den Rumpf.

6. Stecke den Beleg für den Ausschnitt rechts auf rechts an die Bluse und nähe ihn fest.

7. Verstürze den Beleg, bügle ihn und steppe ihn mit einem längeren Geradstich knappkantig fest.

8. Schließe die seitlichen Nähte.

9. Bügle den Saum der Bluse 1,5 cm um und stecke ihn fest. Nähe ihn anschließend mit einem Geradstich zum Tunnel fest. Lass dabei seitlich eine 2 cm lange Öffnung, um ein Gummiband einziehen zu können.

10. Bügle die Armlöcher 1,5 cm um, steppe sie ebenso wie den Saum fest und ziehe ein Gummiband ein.

LATZROCK DOMI

SCHWIERIGKEITSGRAD:

⊗ ⊗ ⊗ Mit etwas Muße wirst du mit Wunderbarem belohnt!

Leicht ausgestellter Cord- oder Jeansrock mit Latz

Domi sitzt locker und lässt sich sowohl aus dickeren Cord- oder Jeansstoffen als auch aus sommerlichen Leinenstoffen nähen.

STOFFAUSWAHL:

Cord, Jeans oder Leinen

Stoffverbrauch:

Domi (mit Beleg aus Oberstoff) 125 cm

Domi (ohne Beleg) 100 cm (bei einer Breite von 140 cm)

DAS BRAUCHST DU:

- 2x Vorderteil (im Bruch oder gegengleich mit Nahtzugabe)
- 2x Rückteil (gegengleich)
- 1x Vorderteilbeleg im Bruch
- 1x Rückteilbeleg im Bruch
- 4x Taschenbeutel (2x gegengleich)
- 2x Träger-Dreieck
- 2x Träger, ca. 55 cm lang aus Stoff oder breitem Webband, Latzhosengarnituren

Du findest alle Schnittteile auf Schnittmusterbogen 3.

ZUSCHNITT:

Gib eine Nahtzugabe von 0,7 cm sowie eine Saumzugabe von 1,5 cm zum Schnitt hinzu.

TIPPS:

- *Das geteilte Rückteil lädt zu einer auffälligen Steppnaht ein. Wie wäre es mit knalligem Neongarn zu einem schlichten Stoff?*
- *Wenn du Jeans vernähst, steppe die Nähte mit dickerem Garn ab. In Kontrastfarbe erhältst du so das typische Jeans-Finish.*
- *Durch das geteilte Rückteil hast du die Möglichkeit, den Rock an ein eventuelles Hohlkreuz anzupassen.*

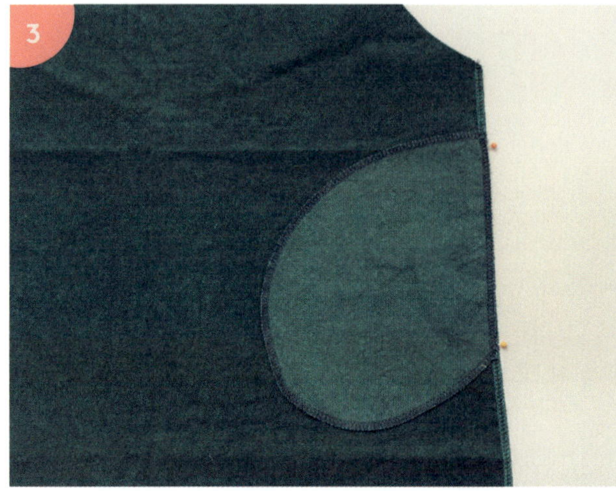

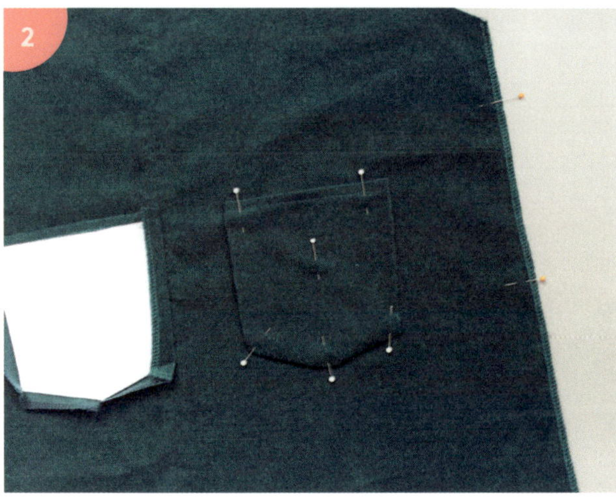

1. Versäubere alle Schnittteile mit einem Zickzackstich der Haushaltsnähmaschine oder mit der Overlock. Wenn du nicht im Bruch zugeschnitten hast, nähe das Vorder- und/oder das Rückteil rechts auf rechts aneinander, nähe danach Vorder- und Rückteil rechts auf rechts aneinander. Nähe das Dreieck mit der langen Seite rechts auf rechts an Rückteil und Rückteilbeleg.
2. Steppe die aufgesetzten Taschen auf das hintere Rockteil. Ich habe mir für die Taschen eine Schablone gemacht, um sie sauberer bügeln zu können.
3. Positioniere die Taschenbeutel jeweils rechts auf rechts am Vorderteil und nähe sie fest.
4. Schlage sie nach hinten und steppe von vorne ab.

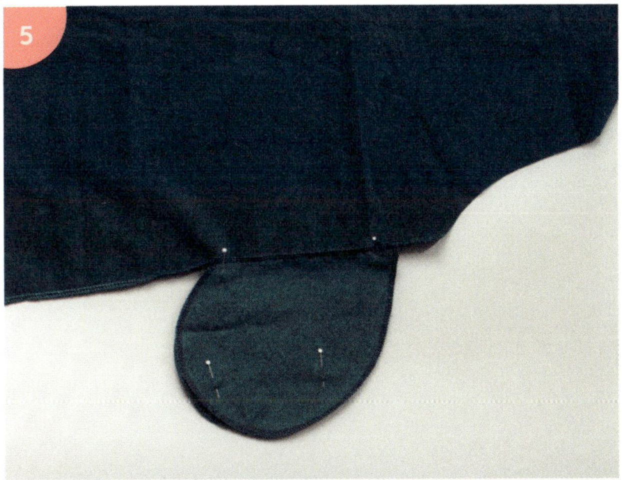

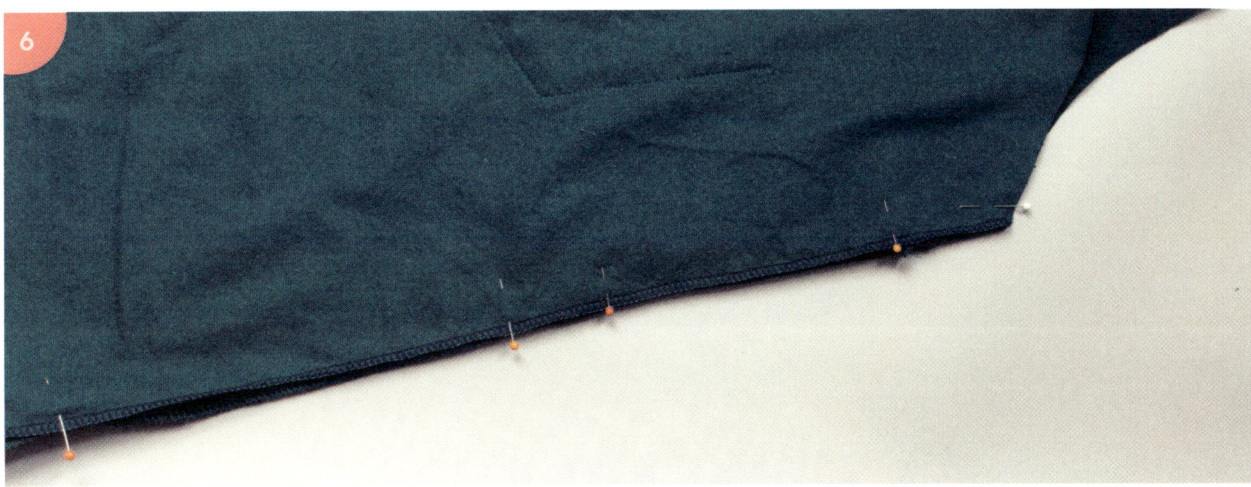

5. Platziere das andere Taschenteil auf der Tasche und steppe es an der Rundung fest.

6. Lege das Vorder- und Rückteil rechts auf rechts und schließe die Seitennähte. Achte dabei darauf, die zuerst genähte Taschenseite nicht mit einzunähen.

7. Schließe Vorderteil- und Rückteilbeleg rechts auf rechts.

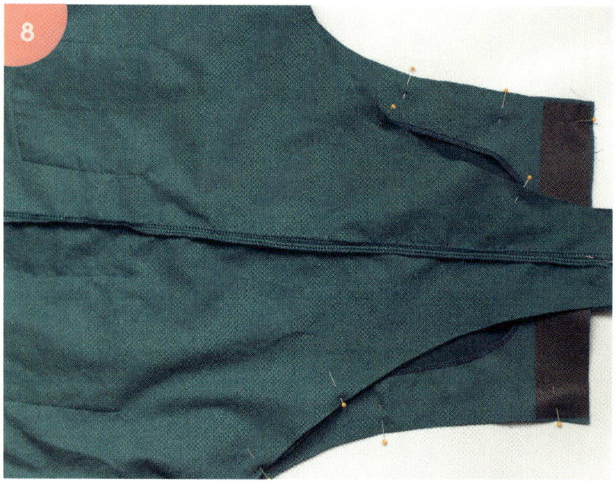

8. Nähe den Beleg rechts auf rechts an den Rock und wende ihn. Vergewissere dich zuvor, dass du die Stellen für eventuelle Ösen oder Knöpfe verstärkt hast.

9. Wenn du kein Gurt- oder Webband verwendest, schließt du nun die beiden Stoffstreifen für die Träger an der langen Seite rechts auf rechts. Beachte dabei unbedingt, welche Breite deine Latzhosengarnituren haben, und passe die Träger gegebenenfalls an.

10. Trägerteile wenden, bügeln und knappkantig absteppen.

11. Lege die Träger zwischen das Dreieck und klappe die kurzen Seiten nach innen, um sie einzufassen.

12. Steppe die kurzen Seiten ab, um die Träger zu befestigen, und steppe den Beleg ringsrum fest.

13. Bringe die Latzhosengarnituren an. Schlage die Saumnaht 1,5 cm um, bügle sie und steppe den Saum fest.

SHIRTKLEID EBBA

SCHWIERIGKEITSGRAD:

- Schaffst du locker!

Lockeres Shirtkleid mit optionalem Bindeband

Kleid Ebba ist für mich ein Allrounder: mit Flipflops am Strand ist es genauso tragbar wie mit Strumpfhose, Stiefeln und Cardigan in der Winterzeit.

STOFFAUSWAHL:

alle Webstoffe

Stoffverbrauch:

130 cm (bei einer Breite von 140 cm)

DAS BRAUCHST DU:

- 1x Vorderteil im Bruch
- 1x Rückteil im Bruch
- 1x Vorderteilbeleg im Bruch
- 1x Rückteilbeleg im Bruch
- Optional: Gürtelschlaufen und Bindeband

Du findest alle Schnittteile auf Schnittmusterbogen 4.

ZUSCHNITT:

Gib eine Nahtzugabe von 0,7 cm sowie eine Saumzugabe von 1,5 cm zum Schnitt hinzu.

TIPPS:

- *Wenn du keine Gürtelschlaufen mit einnähst, kannst du Ebba mal in der Hüfte und mal in der Taille mit einem dünnen Gürtel gerafft tragen.*
- *Gürtelschlaufen: Schließe die Seitennaht erst mit einem Heftstich, um das Kleid einmal überzustreifen und so die für dich perfekte Position der Gürtelschlaufen zu ermitteln.*
- *Auch Kleid Ebba lädt zum Teilen ein: Wie wäre es mal mit Colourblocking?*
- *Mein Stoffdesign Lea auf feinem Viskoseleinen ist perfekt für Ebba. Du bekommst Lea in zwei Farbstellungen exklusiv bei www.stoffundliebe.de.*

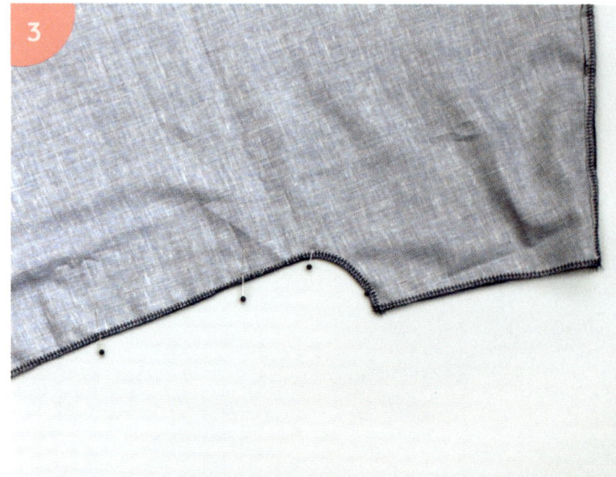

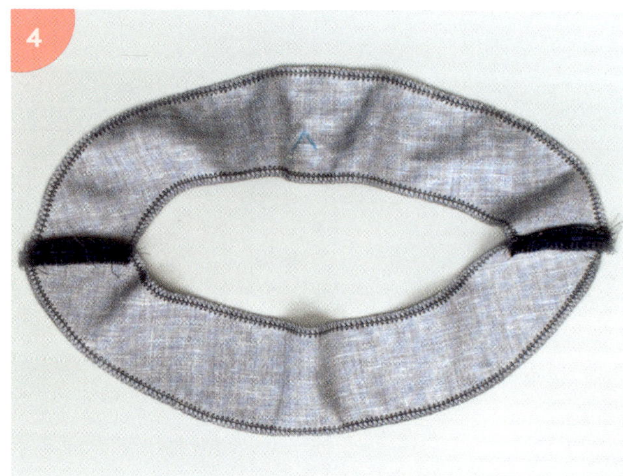

1. Versäubere alle Schnittteile mit einem Zickzackstich der Haushaltsnähmaschine oder mit der Overlock.
2. Lege Vorder- und Rückteil rechts auf rechts und schließe die Schulternähte.
3. Wenn du Gürtelschlaufen mit einnähst, bestimme ihre Position. Je nach Stoffqualität kannst du eine dünne Kordel, ein Seidenbändchen oder auch ein genähtes Stoffband nehmen. Schließe dann die Seitennähte und nähe die Schlaufen fest.
4. Lege die beiden Belegteile für den Ausschnitt rechts auf rechts aufeinander und schließe sie zum Ring. Der Ausschnitt von Ebba ist vorne und hinten sehr ähnlich, ich rate dringend dazu, die Seiten zu markieren. Wenn der Ring erst mal geschlossen ist, ist es schwer, Vorder- von Rückteil zu unterscheiden.

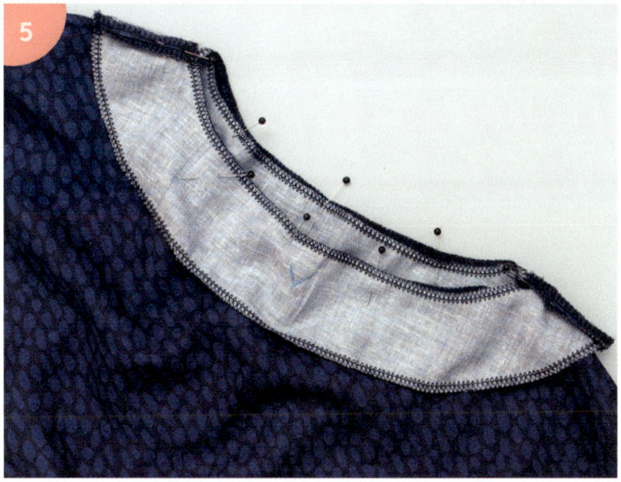

5. Bügle die Nähte auseinander, stecke den Ausschnittbeleg mit der rechten Seite auf die rechte Seite des Oberteils und nähe ihn fest.

6. Verstürze den Beleg, bügle ihn und steppe ihn mit einem längeren Geradstich fest. Säume die Armlöcher und den Saum.

Bindeband herstellen:

7. Falte das Bindeband der Länge nach rechts auf rechts und nähe es zusammen. Die kurzen Seiten habe ich sanft auslaufen lassen. Lass im mittleren Teil eine 10 cm große Wendeöffnung.

8. Wende das Bindeband, arbeite die Ecken schön heraus und steppe knappkantig ab. Dabei wird die Wendeöffnung geschlossen.

TIPP:

Wenn du Stoff sparen möchtest, schneide das Band aus zwei Stücken zu, die zusammengenäht werden.

SHIRTKLEID RONJA

SCHWIERIGKEITSGRAD:
Nimm dir ein bisschen Zeit und dazu einen guten Tee!

Shirtkleid mit Rüsche

Das lässige Shirtkleid für jede Gelegenheit: Ronja ist, je nach gewähltem Material, mal elegant, mal ganz verspielt.

STOFFAUSWAHL:

Webstoffe wie Musselin oder auch Viskose

Stoffverbrauch:

Ronja (mit Stoffrichtung) 210 cm

Ronja (ohne Stoffrichtung*) 165 cm

*Hier bedeutet Stoffrichtung, dass die Rüsche um 90 Grad gedreht, die Rüsche also quer zum Fadenlauf gelegt wird. (bei einer Breite von 140 cm)

DAS BRAUCHST DU:

- 1 x Vorderteil im Bruch
- 1 x Rückteil im Bruch
- 2 x Rüsche im Bruch
- 1 x Vorderteilbeleg im Bruch
- 1 x Rückteilbeleg im Bruch

Du findest alle Schnittteile auf Schnittmusterbogen 6.

ZUSCHNITT:

Gib eine Nahtzugabe von 0,7 cm sowie eine Saumzugabe von 1,5 cm zum Schnitt hinzu. Wenn du mit einem speziellen Nähfüßchen säumst, beachte, wieviel Zugabe es benötigt.

TIPP:

Achte auf die Stoffwahl – ein und dasselbe Kleid wird aus bauschigem Musselin kürzer wirken als aus fließender Viskosewebware. Je schwerer der Stoff ist, desto mehr zieht die breite Rüsche nach unten.

1. Versäubere alle Schnittteile außer der Rüsche mit einem Zickzackstich der Haushaltsnähmaschine oder mit der Overlock. Lege Vorder- und Rückteil rechts auf rechts aufeinander und schließe die beiden Schulternähte sowie die Seitennähte.

2. Lege die beiden Belegteile rechts auf rechts aufeinander und schließe sie zum Ring.

3. Streiche oder bügle die Nähte auseinander, stecke den Beleg mit der rechten Seite auf die rechte Seite des Oberteils und nähe ihn fest.

4. Verstürze den Beleg und bügle ihn. Je nach Material und Vorliebe kannst du ihn nun knappkantig oder mit mehr Abstand zum Rand feststeppen. Beim knappkantigen Steppen kann es sein, dass du ihn in der Schulternaht nochmal mit einem kleinen Stich fixieren musst. Nichts ist lästiger als ein Beleg, der ständig hervorkrabbelt! Zum Absteppen nutze ich einen etwas längeren Geradstich.

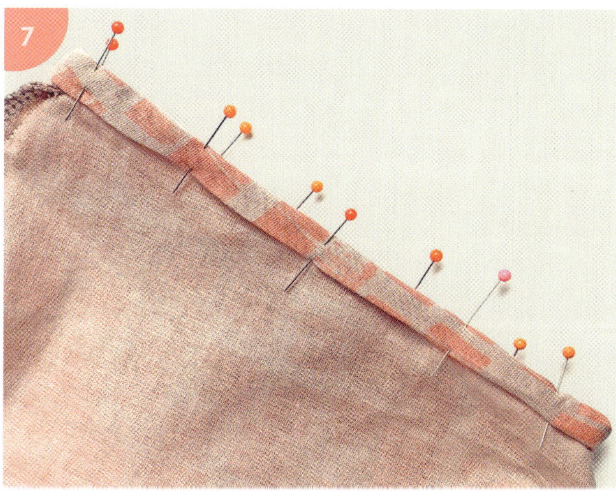

5. Kräusele die beiden Rüschenteile auf die Breite des Oberteils. Tipps und alternative Verarbeitungsmöglichkeiten dazu gibt es auf Seite 31.
6. Schließe die Rüsche an der kurzen Seite zum Ring. Nähe die Rüsche rechts auf rechts an das Oberteil.
7. Schlage Armausschnitte und Saum um und steppe sie mit einem längeren Geradstich fest. Alternativ dazu kannst du auch mit einem Rollsaum versäubern. Gerade bei dünnen Stoffen wirkt das sehr schön.

TIPP:

Dieser Schnitt ist eine gute Gelegenheit, um eine neue Technik auszuprobieren. z.B. den Rollsaum. Ich benutze hierfür ein spezielles Nähfüßchen (Tricotsäumer), welches den Stoff einrollt. Bei sehr dünnen Stoffen ist diese Verarbeitung ideal.

BOHOKLEID LINNEA

SCHWIERIGKEITSGRAD:

Nimm dir ein bisschen Zeit und dazu einen guten Tee!

Bohokleid mit zwei Stufen

Linnea sitzt luftig, ist perfekt für sommerliche Temperaturen und lädt zum Mustermix ein.

STOFFAUSWAHL:

dünne Baumwollwebware, Viskosewebware und Musselin

Stoffverbrauch:

250 cm (bei einer Breite von 140 cm)

DAS BRAUCHST DU:

- 1x oberes Vorderteil im Bruch
- 1x oberes Rückteil im Bruch
- 2x Rockteil 1 im Bruch
- 2x Rockteil 2 im Bruch
- 1x Vorderteilbeleg im Bruch
- 1x Rückteilbeleg im Bruch
- 2x Ärmel (gegengleich)
- 2x Ärmelsaum im Bruch

Du findest alle Schnittteile auf Schnittmusterbogen 4.

ZUSCHNITT:

Gib eine Nahtzugabe von 0,7 cm sowie eine Saumzugabe von 1,5 cm zum Schnitt hinzu.

TIPP:

Hast du noch Zackenlitze und Bommelborten im Nähkästchen? Perfekt, Linnea lässt sich bestens mit ihnen verzieren. Nähe sie für mehr Boho-Look einfach zwischen die Rockteile.

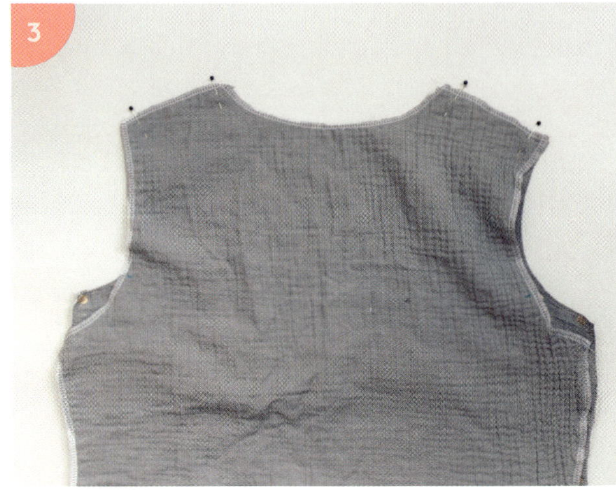

1. Versäubere die Schnittteile mit einem Zickzackstich der Haushaltsnähmaschine oder mit der Overlock.
2. Nähe die Abnäher. Eine detaillierte Anleitung findest du im Theorieteil auf Seite 30.
3. Lege das Vorderteil und das Rückteil rechts auf rechts und schließe die Schulternähte.
4. Nähe den vorderen Beleg rechts auf rechts an den hinteren Beleg.

5. Bügle die Nähte von Oberteil und Beleg auseinander, stecke den Ausschnittbeleg rechts auf rechts an das Oberteils und nähe ihn fest.
6. Schneide die Nahtzugabe ein und wende den Beleg.
7. Bügle den Beleg und steppe ihn mit einem längeren Geradstich fest. Für diesen Arbeitsschritt verwende ich sonst gerne den Schmalkantfuß, bei Musselin bevorzuge ich aber eine Steppnaht, die weiter vom Rand entfernt ist.
8. Stecke und nähe die Ärmel rechts auf rechts ins Armloch.

9. Schließe die Seitennähte.

10. Lege die beiden Rockteile 1 rechts auf rechts und nähe sie an den kurzen Kanten zusammen.

11. Kräusle Rockteil 1 gleichmäßig auf die Breite des Oberteils. Eine Anleitung für das Kräuseln findest du im Theorieteil auf Seite 31.

12. Nähe Oberteil und Rockteil 1 rechts auf rechts aneinander. Je nach Stoffart sieht es schön aus, wenn diese Naht nochmal knappkantig von rechts abgesteppt wird. Das Rockteil fällt so etwas gerader. Nähe Rockteil 2 wie Rockteil 1 und kräusele es auf die Breite von Rockteil 1.

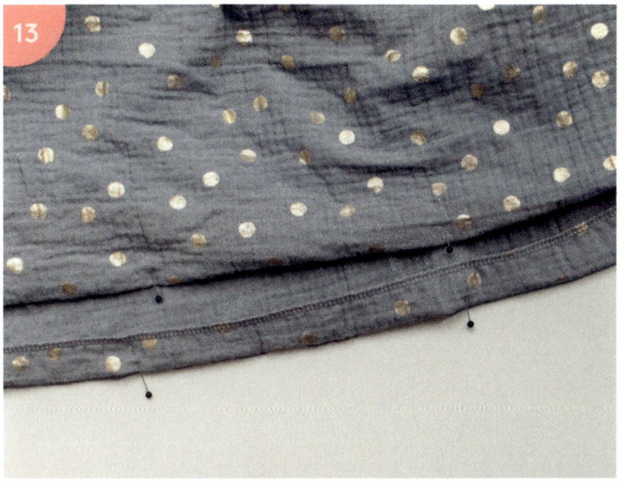

13. Säume mit einem Rollsaum oder einem umgeschlagenen Saum.

14. Schließe den Ärmelsaum an der kurzen Seite zum Ring. Je nach Stoffart musst du eventuell komplett oder nur eine Hälfte des Stoffes mit Einlage verstärken.

15. Kräusle den Ärmel am Saum auf die Breite des Rings und nähe diesen rechts auf rechts fest. Knappkantig absteppen.

KLEID HANNA

SCHWIERIGKEITSGRAD:

Mit etwas Muße wirst du mit Wunderbarem belohnt!

Blusenkleid mit Knopfleiste und weitem Rockteil

Hanna sitzt am Oberkörper zwar etwas figurbetonter, ist aber mit dem gerafften Rockteil trotzdem ein locker-luftiges Kleidchen. Vor allem aus kühlendem Leinenstoff ist Hanna im Sommer angenehm zu tragen.

STOFFAUSWAHL:

Popeline, dünne Baumwollwebware, Viskosewebware, Chambray, Leinen und Musselin

Stoffverbrauch:

185 cm (bei einer Breite von 140 cm)

DAS BRAUCHST DU:

- 2 x oberes Vorderteil (gegengleich)
- 1 x oberes Rückteil im Bruch
- 2 x Rockteil vorne (gegengleich)
- 1 x Rockteil hinten im Bruch
- 2 x Vorderteilbeleg (gegengleich)
- 1 x Rückteilbeleg im Bruch
- 2 x Ärmel (gegengleich)
- Bügeleinlage für die Knopfleiste
- Knöpfe

Du findest alle Schnittteile auf Schnittmusterbogen 2.

ZUSCHNITT:

Gib eine Nahtzugabe von 0,7 cm sowie eine Saumzugabe von 1,5 cm zum Schnitt hinzu.

TIPPS:

- *Du kannst auch Druckknöpfe für Hanna verwenden.*
- *Vielleicht passt es gut zu deinem Stoff, wenn die Nähte nochmal von rechts abgesteppt sind? Bei Jeansstoff oder Chambray ist das für den Jeanskleid-Look besonders stimmig.*

1. Versäubere die Schnittteile mit einer Versäuberungsnaht und bügle Einlage auf alle vier Teile der Knopfleiste und den hinteren Beleg. Meine Vorderteil-Seiten versäubere ich übrigens erst, nachdem ich den Abnäher genäht habe.
2. Nähe die Abnäher laut Anleitung auf Seite 30.
3. Lege die beiden vorderen Blusenteile und das Rückteil rechts auf rechts und schließe die Schulternähte.
4. Nähe die beiden vorderen Belegteile (Ausschnitt) rechts auf rechts an das hintere Belegteil.

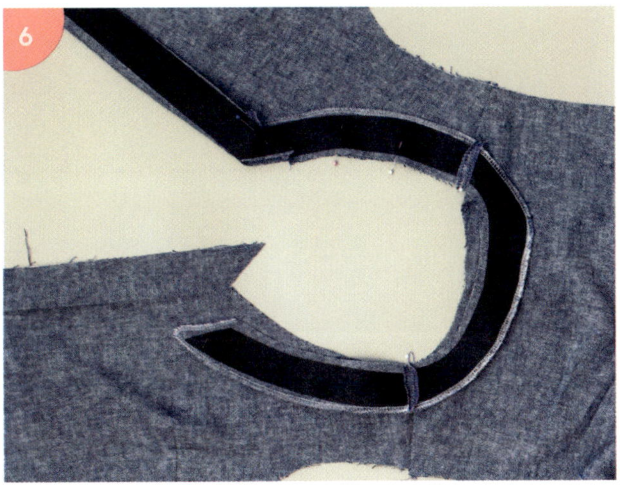

5. Bügle die Nähte von Oberteil und Beleg auseinander und stecke den Ausschnittbeleg rechts auf rechts an das Oberteil. Nähe ihn zuerst an den Knopfleistenbeleg …

6. … und dann an den Ausschnitt.

7. Wende den Beleg, bügle ihn und steppe ihn mit einem längeren Geradstich im Bereich des Ausschnitts fest.

8. Stecke und nähe die beiden Ärmel rechts auf rechts ins Armloch.

9. Schließe die Seitennähte des Oberteils.

10. Nähe die beiden vorderen Rockteile rechts auf rechts an das hintere Rockteil.

11. Kräusle das komplette Unterteil gleichmäßig auf die Breite des Oberteils. Die jeweils äußeren, markierten Bereiche des Unterteils gehören zur Knopfleiste und deren Beleg und werden nicht gerafft.

12. Nähe Oberteil und Unterteil rechts auf rechts aneinander. Achte darauf, dass sich die Seitennähte von Ober- und Unterteil treffen.

13. Bügle den Beleg im Bereich der Knopfleiste glatt und steppe ihn fest. Je nach Stoffart sieht es hübsch aus, wenn du die Vorderseite komplett knappkantig absteppst. Schlage die Ärmel und den Saum um und steppe sie fest.

14. Korrigiere dann gegebenenfalls die Positionen der Knopflöcher/Knöpfe. Durch Ungenauigkeiten beim Nähen könnten sich diese verschoben haben.

15. Nähe die Knopflöcher auf die rechte Seite des Kleids und Knöpfe auf die linke Seite.

KLEID LIESE

SCHWIERIGKEITSGRAD:

- Schaffst du locker!

Weit schwingendes Kleid mit Raffung über der Brust

Liese ist mein persönlicher Liebling. Das luftige Kleid mit dem weiten Rockteil ist schnell genäht und eignet sich perfekt für Musselin.

STOFFAUSWAHL:

Musselin

Stoffverbrauch:

205 cm (bei einer Breite von 140 cm)

DAS BRAUCHST DU:

- 1x oberes Vorderteil im Bruch
- 1x oberes Rückteil im Bruch
- 2x Rockteil im Bruch
- 1x Vorderteilbeleg im Bruch
- 1x Rückteilbeleg im Bruch
- 2x Ärmel (gegengleich)

Du findest alle Schnittteile auf Schnittmusterbogen 6.

ZUSCHNITT:

Gib eine Nahtzugabe von 0,7 cm sowie eine Saumzugabe von 1,5 cm zum Schnitt hinzu. Liese lässt sich perfekt mit dem Rollsaumfuß säumen – hier verwende ich eine etwas kleinere Saumzugabe.

TIPP:

Dein Stoff ist nicht durchgewebt, sondern bedruckt und hat deshalb eine weiße Rückseite? Schneide die Ärmelteile viermal zu und nähe den Ärmel doppelt, so sind beide Seiten schön. Die Flügelchen haben dadurch etwas mehr Stand.

1. Versäubere die Schnittteile mit einem Zickzackstich der Haushaltsnähmaschine oder mit der Overlock.
2. Lege Vorder- und Rückteil rechts auf rechts und schließe die Schulternähte und die kleinen Seitennähte.
3. Lege die Belegteile rechts auf rechts und nähe die kurzen Seiten zusammen.

4. Bügle die Nähte von Oberteil und Beleg auseinander, stecke den Ausschnittbeleg rechts auf rechts an das Oberteils und nähe ihn fest.

5. Verstürze den Beleg, bügle ihn und steppe ihn mit einem längeren Geradstich fest.

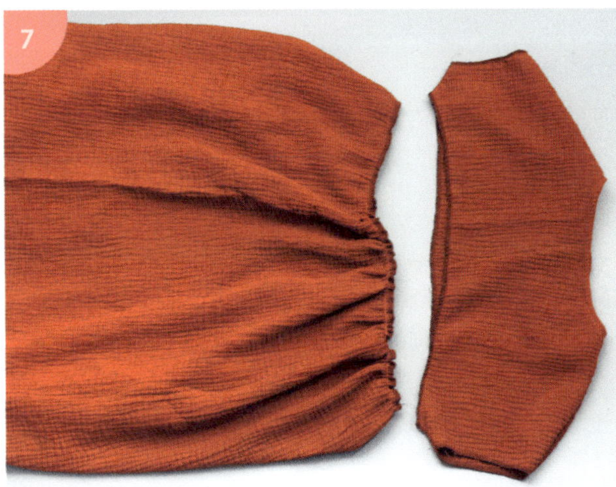

6. Lege die beiden Rockteile rechts auf rechts.
7. Schließe die seitliche Naht und kräusele das Unterteil gleichmäßig auf die Breite des Oberteils.
8. Nähe Oberteil und Unterteil rechts auf rechts aneinander. Je nach Stoffart sieht es schön aus, wenn diese Naht nochmal knappkantig von rechts abgesteppt wird. Das Rockteil fällt so etwas gerader.

9. Versäubere die Ärmelteile. Entweder mit einem Rollsaum oder einem anderen schmal umgeschlagenen Saum. Wenn du die Ärmel doppelst, schneide sie viermal zu und nähe je zwei Teile rechts auf rechts an der äußeren Rundung zusammen. Wenden, gegebenenfalls bügeln und absteppen. Nähe sie anschließend ins Armloch ein.

10. Säume mit einem Rollsaum, einem Blindstich oder schlage den Saum einfach um.

SCRUNCHIE

SCHWIERIGKEITSGRAD:

- Schaffst du locker!

Kleine Reste? Kleine Scrunchies!

Jeder noch so kleine Rest lässt sich mit einem eingenähten Gummiband in ein Accessoire verwandeln – weggeschmissen wird hier gar nichts.

STOFFAUSWAHL:

alle Stoffe

DAS BRAUCHST DU:

Es ist kein extra Schnittteil erforderlich

- Gummiband

ZUSCHNITT:

Schneide gleich ein paar Streifen Stoff zu. Meine Stoffstücke haben sich aus Resten ergeben und sind 7 x 40 cm sowie 10 x 50 cm groß.

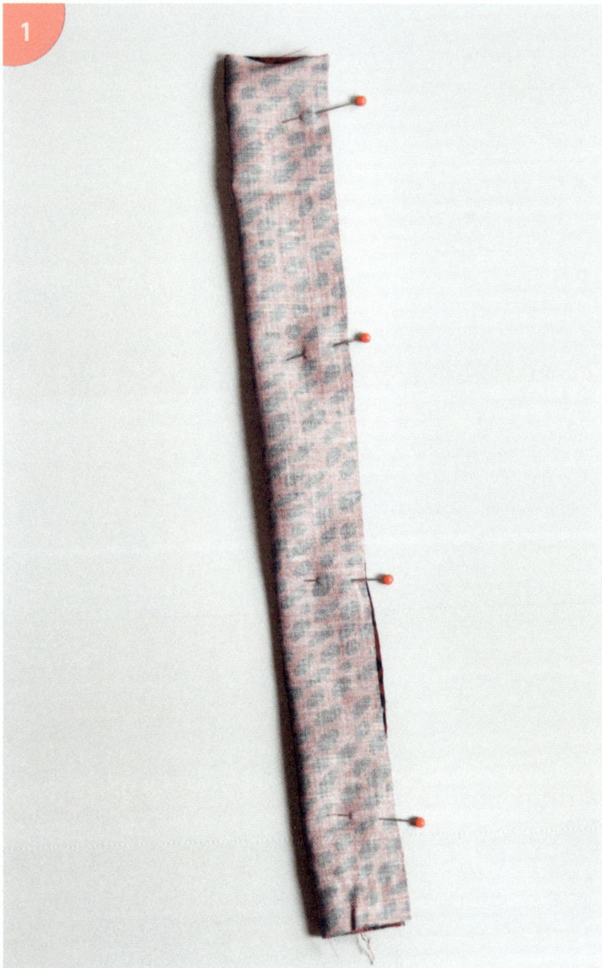

1. Falte das Stoffstück der Länge nach rechts auf rechts und nähe es zusammen.
2. Wende das Haarband und ziehe ein Gummi ein, welches verknotet wird. Falte die offenen Seiten nach innen.

3

3. Hochmotivierte verschließen nun die offenen Seiten unsichtbar mit dem Matratzenstich. Ich nähe einfach mit der Maschine drüber – die Naht sieht in getragenem Zustand sowieso niemand.

FLATLAY-EXKURS

Flachgelegte Klamotten

Wenn du mir auf Instagram folgst, kennst du wahrscheinlich meine Begeisterung für Flatlays.

Flatlays sind Stillleben aus der Vogelperspektive fotografiert. In der Nähcommunity zeigen wir dabei natürlich nicht irgendwas, sondern unsere genähten Stücke. Aber eben nicht nur neue – wir holen auch alte Kleidung aus dem Schrank und setzen sie nochmal in Szene.

Manchmal braucht es nämlich nur eine neue Kombination aus alten Teilen und schon hat man ein neues Outfit.

Anhand von Flatlays kann man auch prima ausprobieren, welche Wirkung unterschiedliche Accessoires auf ein Outfit haben. Morgens vor dem Schrank greift man ja oft zu den gleichen Paarungen, wenn man aber mal gezielt nach neuen Kombis sucht, findet man meist mehr, als man vorher gedacht hätte.

1. Rock Malin mit Leobund ist für deinen Geschmack ein bisschen zu wild?
2. Stell ihn dir mal mit seriöserem Schuhwerk und Feinstrick-Cardigan vor!
3. Leinenkleid Hanna kommt dir ein bisschen zu brav vor?

4. Muss an den Schuhen liegen!
5. Ylvi geht nur am Strand?
6. Liegt auch an den Schuhen.

LUST BEKOMMEN MITZUMACHEN?

Ob als Flatlay, Spiegelselfie oder Tragebild, verlinke @aennisews, wenn du einen Schnitt aus diesem Buch zeigst, denn ich bin wahnsinnig gespannt auf deine genähten Teile!

#hejSkandiChic #hejSkandiChicÄnni

AUTORIN

Anja wohnt mit ihrer Familie in Stuttgart, wo sie als selbstständige Grafik-Designerin arbeitet.

Schon in ihrer Kindheit schnitt sie Löcher in ausgemusterte Socken, um ihren Puppen neue Kleider zu verpassen – seit dem Upcycling von damals ist einiges geschehen.

In die erste eigene Wohnung zog leihweise Mutters alte Nähmaschine mit ein und aus „nur mal ein bisschen Probieren" wurde sehr schnell ein neues Hobby und die alte Maschine durfte besseren Modellen Platz machen. Auf die unumgänglichen Kosmetiktäschchen folgte schon bald Kleidung und 2015 wurde durch die Geburt ihres Sohnes das Spielfeld zwar um Kinderkleidung erweitert, aber es geht doch einfach nichts über #selfishsewing.

Seit 2012 bloggt die Designerin unter aennisews und seit 2016 hat sie Hobby und Beruf miteinander vereint und entwirft auch Stoffdesigns.

HERZLICHEN DANK AN

... meine Familie, die in den letzten zwei Wochen der Entstehungszeit dieses Buchs doch etwas zurückstecken musste – oder gar gezwungen wurde, Schnitte auszuschneiden und zu kleben.

... den EMF-Verlag und vor allem meine Lektorin Saskia für die Möglichkeit, dieses Buch überhaupt zu schreiben.

... Daniela und Markus von Stoff und Liebe, weil sie mein Design Lea in dieser traumhaften Qualität produzieren lassen. Der dünne Viskoseleinenstoff ist leicht und luftig, lässt sich dabei aber sowas von gut vernähen – es ist wirklich eine Freude, ihn unter der Maschine zu haben!

... die großzügigen Sponsoren, dank denen ich mich mit genügend schönem Material eindecken durfte: Alles für Selbermacher, Buttinette, Rico Design und stoffe.de.

... die mutigen Probenäherinnen für die Unterstützung.

... meine Mädels – für einfach alles!

NOCH MEHR BÜCHER

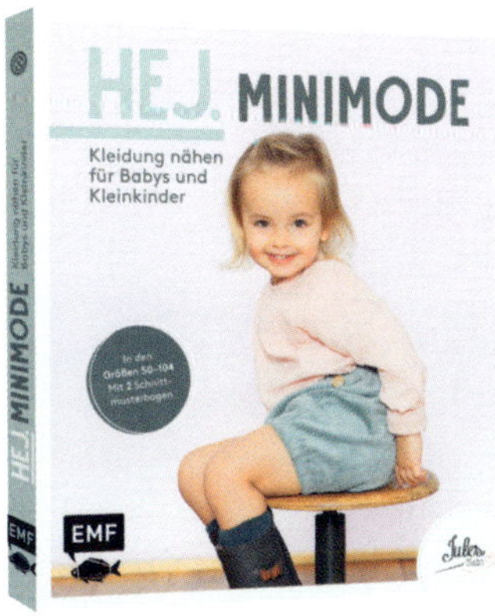

Hej. Minimode – Kleidung nähen für Babys und Kleinkinder
978-3-96093-729-6
19,99 € (DE) / 20,60 € (AT)

Tops, Shirts und Blusen nähen – Oberteile in Größe 34–46
978-3-7459-0328-7
17,00 € (DE) / 17,50 € (AT)

Nähen für Linkshänder – Der innovative Nähkurs
978-3-7459-0049-1
16,99 € (DE) / 17,50 € (AT)

Maxikleider und Röcke nähen
978-3-96093-726-5
24,99 € (DE) / 25,70 € (AT)

IMPRESSUM

Bibliografische Information der Deutschen Bibliothek.

Die Deutsche Bibliothek verzeichnet diese Publikation in der Deutschen Nationalbibliografie.

Detaillierte bibliografische Daten sind im Internet über http://www.dnb.de/ abrufbar.

EIN BUCH DER EDITION MICHAEL FISCHER

4. Auflage 2022

Layout: Meritt Hettwer

Covergestaltung, Satz: Lena Albert

Produktmanagement und Lektorat: Saskia Reusch

Bilder: Corinna Brix, Müchen (Projektfotos), alle weiteren Fotos: Anja Roloff

Schnittkonstruktion: Astrid Hein, Everswinkel

ISBN: 978-978-3-7459-0054-5

Gedruckt bei Polygraf Print, Čapajevova 44, 08001 Prešov, Slowakei

www.emf-verlag.de